大展好書　好書大展
品嘗好書　冠群可期

中國武術規定套路④

木蘭拳規定套路編審組　編寫

木蘭拳

大展出版社有限公司

木蘭拳規定套路編審人員

編審人員：

李　杰　　王國琪　　嚴建昌　　黃凌海

（以下以姓氏筆畫為序）

王培錕　　王肇基　　李士信　　李巧玲　　李德印

李德緒　　洪傳芳　　計月娥　　夏柏華　　陳　曦

馬賢達　　曾美英　　張玉萍　　楊戰旗　　劉　靜

劉玉萍　　劉志華　　穆秀杰　　應美鳳

特邀人員：

周香妙　　郝懷木　　徐　才　　蔡龍雲

整理與修改執筆人：

李巧玲　　曾美英

木蘭拳

中國武術系列規定套路④

4

出版前言

木蘭拳是在傳統「木蘭花架拳」的基礎上，吸取部分體操、舞蹈動作而形成的一項武術健身活動。由於它具有武舞結合、輕柔美健、易學易練、老少皆宜的特點，所以受到了群眾的廣泛歡迎，尤其備受廣大婦女的青睞。

近年來木蘭拳運動發展迅速，爲了進一步引導木蘭拳運動向科學化、規範化方向發展，國家體育總局武術運動管理中心委託上海武術院組織有關專家編寫了《木蘭拳二十八式》《木蘭單扇三十八式》《木蘭單劍四十八式》三個規定套路和《木蘭拳競賽規則》的初稿。

1998年4月國家體育總局武術運動管理中心組織有關專家，在北京召開了第一次《木蘭拳規定套路》和《木蘭拳競賽規則》審定會。與會專家就木蘭拳規定套路的技術風格、內容取捨及競賽通則、評分方法、操作性、可比性等諸多問題充分展開了學術研討，提出了一些修改意見。

1999年5月，在浙江省台州市舉行了全國木蘭拳規定套路比賽。由實踐並結合第一次審定會專家提出的修改意見，國家體育總局武術運動管理中心又組織專家和學者對《木蘭拳規定套路》和《木蘭拳競賽規則》進行了修改和整理。

木蘭拳

1999 年 10 月，在北京召開了第二次《木蘭拳規定套路》和《木蘭拳競賽規則》審定會，對修改後的三個木蘭拳規定套路和競賽規則進行了審議。會議認爲修改後的規定套路在體現木蘭拳武舞結合特點的基礎上，強化了技術規範，增強了木蘭拳運動的競技性、可比性，反映了當前木蘭拳開展的水準和現狀，滿足了群衆進一步提升和推廣的需要。修改後的競賽規則也更趨於嚴謹、科學，便於操作。

這次出版的《木蘭拳二十八式》《木蘭單扇三十八式》《木蘭單劍四十八式》三個規定套路和《木蘭拳競賽規則》，就是經第二次審定會討論通過並進一步整理而成的。這些成果除了編纂成書發行外，還攝製成教學錄影帶和 VCD 影碟教材發行。我們相信，這些規定套路的推廣和木蘭拳競賽規則的實施，必將促進木蘭拳運動的普及和提升，使木蘭拳運動更加科學和規範地發展。

本書圖文並茂，圖文不相符之處以文字爲準。

本書的出版得到了澳門木蘭拳協會的熱情資助，在此，謹致謝意。

目　錄

目
錄

木
蘭
拳

第一章

木蘭拳規定套路

第一節　木蘭拳基本方法

一、手　型

（一）拳

四指卷屈，拇指扣壓於食指、中指第二指節上。拳面要平，握拳不可太緊（圖1）。

（二）掌

五指自然伸直，虎口撐圓，拇指根節微內扣（圖2）。

圖1

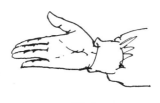

圖2

圖3　　　　　　　圖4　　　　　　　圖5

二、步　型

（一）弓　步

　　前腿屈膝半蹲，腳尖外展 45°，全腳掌著地；後腿自然伸直，腳尖微內扣，全腳或腳前掌著地。兩腿成一直線（圖3）。

（二）歇　步

　　兩腿交叉，屈膝全蹲。前腳腳尖外展，全腳著地；後腳腳跟離地，臀部坐於小腿接近腳跟處（圖4）。

（三）虛　步

　　後腿支撐，膝微屈，腳尖外展 60°；前腿自然伸直，伸尖外展 45°，腳前掌著地（圖5）。

（四）前點步

後腿支撐自然伸直，腳尖外展 45°；前腿自然伸直，腳前掌著地（圖6）。

（五）坐蓮步

後腿前腳掌著地屈膝全蹲，臀部坐於小腿上；前腿自然伸直，腳尖外展 45°，腳掌外側著地，膝膕貼於支撐腿膝關節內側（圖7）。

圖6

（六）坐　盤

兩腿交叉疊攏下坐，臀部和後腿的大小腿外側均著地；前腿的大腿靠近胸部（圖8）。

（七）叉　步

兩腿交叉，前腳腳尖外展 45°，全腳著地，屈膝半蹲；

圖7

圖8

後腳前腳掌著地，腿自然伸直
（圖9）。

三、手　法

（一）請　拳

　　左掌掌心與右拳拳面在胸
前相抱，兩前臂微內旋，高與
胸齊，掌、拳與胸部距離
20～30公分（圖10）。

（二）搬　拳

一手握拳，前臂外旋向下翻壓（圖11、12）。

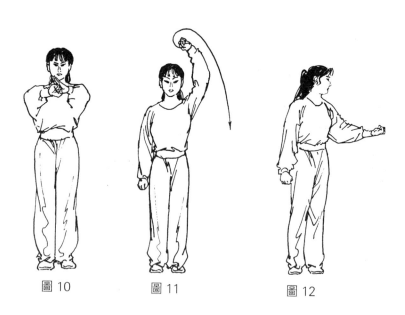

圖9

圖10　　　　　圖11　　　　　圖12

（三）托　掌

掌心朝上，由下向上托起（圖13）。

（四）穿　掌

掌心斜向上，虎口朝前，臂由屈到伸（圖14）。

圖 13

（五）按　掌

手心朝下，自上向下按掌（圖15）。

（六）推　掌

掌心朝前，臂由屈到伸（圖16）。

圖 14

圖 15

圖 16

木蘭拳

（七）撩　掌

掌心向前上直臂由後向前撩出（圖17）。

（八）雲　手

以腕關節為軸，掌向內或外旋轉（圖18）。

（九）雙絞手

兩手手心在胸前相對，以腕關節為軸旋轉一圈（圖19、20）。

圖 17

圖 18

圖 19

圖 20

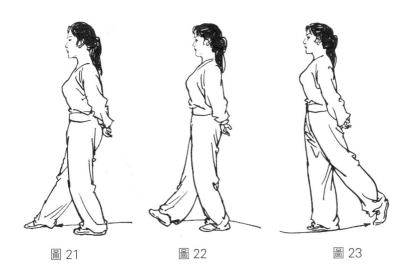

圖21　　　　　圖22　　　　　圖23

四、步　法

（一）上　步

後腳經支撐腿向前邁出，腳尖略外展，腳尖或腳跟著地（圖21、22）。

（二）退　步

前腳經支撐腿向後退一步，腳前掌著地（圖23）。

（三）蓋　步

一腿支撐，另一腿經支撐腿前方向側橫跨一步（圖24）。

圖24

木蘭拳

圖 25

圖 26

（四）插　步

　　一腿屈膝支撐，另一腿經支撐腿後方向側橫插步，兩腳成交叉（圖25）。

（五）後掃步

　　一腿微屈支撐，另一腿的腳前掌擦地向外、向後弧行擺至體後（圖26）。

（六）旋轉步

圖 27

　　前腿支撐，後腿屈膝提起以腳前掌為軸向內擺轉 180°（圖27、28）。

圖 28　　　　　　　　　圖 29

（七）展、轉步

外展：腳跟著地，腳尖外展落地。

內扣：腳跟著地，腳尖內扣落地。

外轉：前腳掌著地，腳跟外轉落地。

內轉：前腳掌著地，腳跟內轉落地。

五、腿　法

（一）上踢腿

一腿支撐，腳尖外展 45°；另一腳勾腳尖由下向上踢起，腳高於肩（圖 29）。

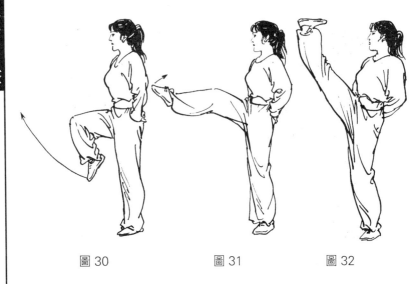

圖 30　　　　　圖 31　　　　　圖 32

（二）前蹬腿

一腿支撐；另一腿屈膝提起，腳尖自然下垂，小腿向上擺起至胸高時，勾腳尖向前上方蹬出（圖30～32）。

（三）踩蓮腿

右（左）腳腳尖外展 45° 站立；左（右）腿屈膝提起，腳尖自然下垂，小腿向上抬起過腰後身體向左（右）轉 90°，同時勾腳尖向外擺腿，腳高於胸（圖33～35）。

圖 33

圖 34　　　　　　　　　　　　　圖 35

圖 36　　　　　　　　　　　　　圖 37

（四）勾　踢

　　一腿微屈支撐；另一腳勾腳尖屈膝向後擺起，隨即腳跟擦地向前或側面挺膝勾踢（圖 36、37）。

圖 38

圖 39

六、平　衡

（一）提膝平衡

一腿支撐直立；另一腿體前屈膝提起，腳尖自然下垂微內扣，大腿略高於水平（圖 38）。

（二）後舉腿平衡

一腿支撐直立；另一腿屈膝後抬小腿，腳掌朝上，高與臀平（圖 39）。

（三）燕式平衡

一腿支撐直立；上體前俯略高於水平，挺胸抬頭；兩手向身體兩側平行撐平；另一腿向後舉起，膝自然伸直，腳面

繃平，高於水平（圖
40）。

（四）探海平衡

圖 40

　　一腿支撐直立；上
體前俯略低於水平，抬頭挺胸；兩手臂向前下伸出；另一腿
向後舉起，膝自然伸直，腳面繃平，高於水平（圖 41）。

圖 41

木蘭拳

圖 42

（五）望月平衡

一腿支撐直立；上體側傾擰腰向支撐腿同側方上翻，挺胸塌腰；另一腿在身後向支撐腿同側方上舉，小腿屈收，腳面繃平，腳掌朝上（圖42）。

第二節　木蘭拳二十八式規定套路

一、動作名稱

預備式

（一）舒雁展翅

（二）請拳起舞

（三）彈雪金蓮

（四）鳳凰出巢

（五）彩袖翻飛

（六）推雲播雨

（七）百鳥朝鳳

（八）丹鳳朝陽

（九）鷂子翻身

（十）龍飛鳳舞

（十一）落花流水

（十二）孔雀開屏

（十三）嫦娥奔月

（十四）左右踩蓮

（十五）雁落平沙

（十六）西施浣紗

（十七）左右搖肩

（十八）風掃梅花

（十九）撥雲見日

（二十）金蟬脫殼

（二十一）飛燕撲蝶

（二十二）宿鳥投林

（二十三）青鸞飛嘯

（二十四）黃鶯落架

（二十五）猛虎聽風

（二十六）左右浪子踢球

（二十七）巧坐金蓮

（二十八）請拳謝禮

收　式

第一章　木蘭拳規定套路

木蘭拳

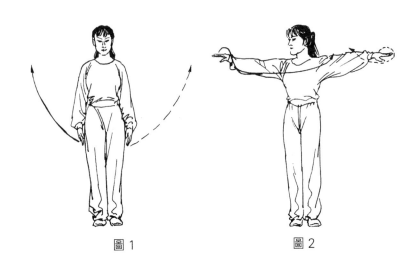

圖1　　　　　圖2

二、動作說明

預備式

自然站立，兩腳跟併攏，腳尖微外展成八字步，兩手臂垂於身體兩側，目視前方（圖1）。

（一）舒雁展翅

1. 兩腳不動，身體微向右轉。同時兩臂由下向上擺起，與肩同高，手心朝下。頭向右轉，目視前方（圖2）。

2. 上動不停。兩膝微屈，身體左轉45°，同時兩手略向上、向後畫弧外旋，繼而向前擺至體前與肩同高、同寬，手心朝上。目視前方（圖3）。

圖3　　　　　　　　圖4　　　　　　　　圖5

（二）請拳起舞

1. 兩腳不動，身體右轉 90°。兩臂向下畫弧至腹前，指尖相對，手心向上（圖4）。

2. 身體左轉 90°，左腳上步成虛步。同時兩臂向兩側拉開，然後向前、向上內旋畫弧，右手拳、左手掌於胸前相抱。目視前方（圖5）。

（三）彈雪金蓮

1. 重心移向左腿，兩臂略外旋並提至頭前（圖6）。

2. 上動不停。左腿微屈支撐；右腿向體前屈膝擺起，腳尖自然放鬆。同時兩臂外旋下落，手背輕拍右大腿（圖7）。

圖6

木蘭拳

圖 7　　　　　　　　圖 8

3. 上動不停。右小腿前伸，膝微屈，腳尖繃直。同時左臂向前，右臂向後擺起，與肩同高，手心朝下（圖8）。

4. 右腳落步，腳前掌著地，腳尖外展。同時兩肘下沉、坐腕（圖9）。

5. 上動不停。重心前移，兩手掌輕推。目視前方（圖10）。

圖 9

（四）鳳凰出巢

1. 身體微右轉。同時左手外旋，手心向上隨轉體擺至體前（圖11）。

2. 上動不停。重心後移，左肘微屈（圖12）。

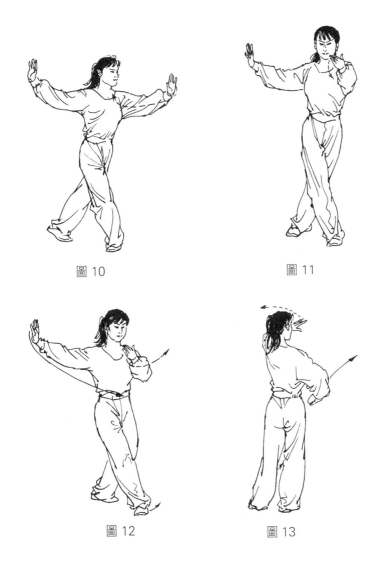

圖 10

圖 11

圖 12

圖 13

第一章　木蘭拳規定套路

木蘭拳

3. 上動不停。右腳尖內扣，身體左轉 180°。同時左手臂內旋隨轉體擺至體前，手心朝外；右手屈肘向下收至右胯旁，手心朝上（圖 13）。

圖 14

圖 15

4.右腿支撐，左腿屈膝上提。同時左手架掌置於左側上方，右手虎口向右側上方穿出，略高於肩。目視右手（圖14）。

（五）彩袖翻飛

1.身體左轉90°，同時左腿伸膝外擺，左手握拳外旋向下搬拳，右手向上、向左畫弧於左拳上方（圖15）。

圖 16

2.左腳跟落地，身體微左轉，兩手向下畫弧（圖16）。

3.左腳尖外展落地；身體左轉45°。兩手同時向下畫弧至胯側。然後重心前移，左拳變掌，向左後方畫弧，略高於

圖 17

圖 18

肩；右手向上畫弧至腹前，手心向裡（圖
17）。

4.左腿支撐；右腿向後抬起，腳掌斜
向上，高與臀平。同時左手架於左側上
方；右手虎口向前上方穿出，略高於肩。
目視右手（圖18）。

（六）推雲播雨

1.右腳向右側 90°落步，腳跟著地。
右手內旋下落；左手向左側微下落（圖
19）。

圖 19

2.右腳尖外展，身體右轉 180°；左腳
向前上步，腳跟著地，成左虛步。同時左手向下隨轉身向前
撩出，與肩同高；右手向下、向右、向上架於右前上方。目

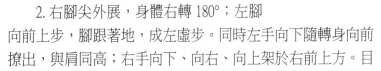

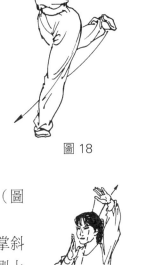

圖 20

圖 21 附圖

圖 22

視前方（圖20、21附圖）。

3. 左腳尖內扣，重心後移；右腳跟提起內轉，身體右轉135°。左手向上畫弧，右手微下落，兩指尖相對，手心向外（圖22）。

4. 右腳向右後135°撤步，腳前掌著地，身體右轉。同時兩臂外旋向下，手心向上（圖23）。

5. 右腳跟內轉落地，身體右轉180°，重心移向右腿，左腳跟離地外轉。同時左手向右畫弧至右胸前，手心向裡；右手向下、向右、向上畫弧，與肩同高，手心向上（圖24）。

6. 左腳上步，腳前掌著地。左手微內旋；右手屈肘內收

圖 23

圖 24　　　　　　　　圖 25

至耳側，手心向裡（圖25）。

7. 左腳跟內轉落地，身體左
轉，重心前移成弓步。同時右手
前推；左手下按置右肘下。目視
前方（圖26）。

（七）百鳥朝鳳

1. 右腳蓋步，身體左轉
90°。右手向左上畫弧至頭上
方，手心斜向上；左手至右胸前
屈腕（圖27）。

圖 26

2. 以兩腳掌為軸，身體左轉
180°，重心移向右腿。同時右手向右雲轉，左手向下按至腹
前（圖28）。

圖 27

圖 28

圖 29

3. 身體繼續左轉 90°。左手向左擺至左胯旁，右手微向下畫弧（圖 29）。

4. 身體微右轉。同時左手向上、向右畫弧至胸前，右手向下、向左至腹前從左手內側穿出，兩腕交叉，手心向右左兩側（圖 30、31 附圖）。

5. 兩手不變。右腿支撐，左腿屈膝提起向右前 30°蹬出（圖 32）。

圖 30

6. 左腳腳掌前落著地，腳跟內轉落地，重心前移，左腿屈膝，身體左轉 45°成叉步。同時兩手向下、向兩側分開，與肩同高，手心向下，然後沉肘坐腕，指尖斜向上。頭向左

圖 31 附圖　　　　　圖 32　　　　　　　圖 33

圖 34　　　　　　　圖 35

轉，目視左手（圖33）。

（八）丹鳳朝陽

1. 右腳向右斜前方 45° 上步，腳前掌著地，身體微左

轉。同時右臂外旋，手心向上（圖
34）。

2. 右腳跟內轉落地，重心前移，
身體右轉。同時右臂內旋向右畫弧至
右側，左手隨體轉至體前，兩手手心
向下，高與肩平（圖35）。

3. 左腳向左斜前方90°上步，腳
前掌著地，兩手微向右下畫弧（圖
36）。

圖36

4. 左腳跟內轉落地，重心前移，
身體左轉。同時右手向下、
向左畫弧至腹前，手心向
裡；左手置胸前，手心向下
（圖37）。

5. 左腿支撐；右腿屈膝
向後抬起，腳掌斜向上，高
與臀平。同時左手下按至左
胯側；右手虎口向斜前方穿
出，掌心斜向上。目視右手
（圖38）。

圖37

（九）鷂子翻身

1. 身體右轉45°；右腳
向前落步，腳跟著地。同時右手向右、向後畫弧，然後手臂
內旋，手心朝前推掌，腕與肩同高（圖39）。

2. 右腳尖內扣；身體左轉90°，重心右移。左手擺至右

圖 38

圖 39

圖 40

圖 41

肩前（圖 40）。

　　3. 左腳經右腳後方向右插步，腳前掌著地（圖 41）。

35

第一章　木蘭拳規定套路

木蘭拳

圖 42

圖 43

4.以兩腳前掌為軸，身體向左上翻轉 180°。同時兩手隨轉身向下、向右上畫弧，右手於體側托起，手心向上，與肩同高；左手至頭額左前上方架掌，手心斜向上。目視右手（圖 42）。

（十）龍飛鳳舞

1.身體左轉 45°，重心移向左腿；右腳向前上步，腳前掌著地。同時左手外旋從上向左、向下、向後、向上畫弧至體左側，手心向上；右手向上、向前畫弧至體前，手心向下（圖 43）。

2.右腳跟內轉落地。右手向下畫弧至左胯前，手心向內；左手向後、向上、向前畫弧至體前，手心向下（圖 44）。

3.右腿支撐，左腳向前蹬腳高於胸。同時左手下按至左

圖 44

圖 45

胯前，手心向下；右手向右側上
方穿出，手心斜向上。目視前方
（圖45）。

（十一）落花流水

1. 身體左轉 90°；左腳向前
落步，腳前掌著地。右手臂內旋
下落至右胯旁，左手下落至左胯
旁（圖46）。

圖 46

2. 左腳跟內轉落地，重心前
移，右腳跟離地。同時兩臂向
前、向上擺至體前，與肩同高、同寬，自然伸直，手心向下
（圖47）。

圖 47　　　　　圖 48　　　　　圖 49

3. 重心略後移，身體微右轉，右臂屈肘（圖48）。

4. 重心移至右腿，身體左轉。同時右手前推，左手收至胸前（圖49）。

5. 身體右轉。右臂屈肘，手心向下；左手外旋手心向上，兩手於體前抱球，略高於肩（圖50）。

6. 左腳跟內轉落地，重心前移，身體左轉。同時右手向外雲手旋腕，左手向內雲手旋腕，兩手指尖向上，手心斜向前（圖51）。

圖 50

7. 兩腿屈膝下蹲成歇步，身體左轉擰腰。同時右手外旋向左下砍掌，手心斜向上；左手收至右胸前，手心斜向下。目視右手前方（圖52）。

圖 51　　　　　圖 52　　　　　圖 53

（十二）孔雀開屏

1. 兩腿蹬起。右手內旋向上畫弧，左手微向下按（圖53）。

2. 身體直立。同時兩手臂向上畫弧至頭額前左右上方，兩指尖相對，手心斜向外（圖54）。

3. 右腿經左腿前蓋步，腳前掌著地。然後以兩腳前掌為軸，身體向左轉 90°。同時兩手向下畫弧至體側，掌心向外（圖55）。

4. 重心前移至右腿。同時兩手向下、向前、向上畫弧托起至體前，掌心朝上，與肩同高、同寬。目視前方（圖56）。

圖 54

圖 55　　　　圖 56　　　　圖 57

（十三）嫦娥奔月

1.重心前移，身體微右轉。兩臂屈肘內收，手心斜向上（圖57）。

2.左腳向左前45°上步，腳前掌著地。兩手臂內旋，向下翻掌按至胸前，手心斜向下（圖58）。

3.左腳跟內轉落地，重心前移，身體左轉。左腿獨立支撐；右腿屈膝向後抬起，腳掌斜向上。同時左手上架置左額前上方；右手向前推出，高與肩平。目視前方（圖59）。

圖 58

（十四）左右踩蓮

1.右腳向右前45°落步，腳跟著地。同時左手臂外旋下

圖 59

圖 60

落至體左側，
右臂外旋，兩
手心斜相對
（圖60）。

　2. 右腳尖
外展，身體右
轉 90°。兩手
相合在胸前交
叉立掌，右手
在裡，左手在
外。目視前方
（圖61）。

圖 61

圖 62

　3. 重心前移，右腿獨立支撐；左腿體前屈膝提起，腳尖
自然下垂。兩手動作不變（圖62）。

　4. 接上動。左腳繃腳面，小腿向左前上方抬起（圖

圖 63

圖 64

63）。

　5. 接上動。身體左轉90°，左腳勾腳尖向左擺腿（圖64）。

　6. 左腳左前方落步，腳跟著地（圖65）。

　7. 重心前移，左腿支撐；右腿屈膝提起，腳尖自然下垂。兩手動作不變（圖66）。

圖 65

　8. 接上動。右腳繃腳面，小腿向左前上方抬起（圖67）。

　9. 身體右轉45°，右腳勾腳尖向右擺腿（圖68）。

　10. 右腳向前落步，腳跟著地（圖69）。

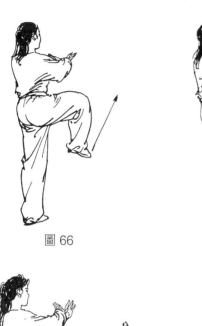

圖 66

圖 67

圖 68

圖 69

（十五）雁落平沙

重心前移，右腿獨立支撐。上體前俯略高於水平，兩手立掌向兩側平行分開，挺胸抬頭。左腿向後舉起，膝自然伸

圖 70

直，腳面繃平，高於水平。目視前方（圖70）。

（十六）西施浣紗

1. 左腳向前落步，腳前掌著地，腳尖外展。兩手向體側下落，手心朝下（圖71）。

2. 重心移至左腿，右腳跟離地。同時兩臂向體前擺起，自然伸直，手高於肩（圖72）。

3. 兩臂沉肘坐腕（圖73）。

4. 右腳後撤一步，右腿屈膝全蹲，腳跟離地，臀部坐於小腿上；左腿自然伸直，腳尖外展成坐蓮步。同時兩臂向下、向裡畫弧至腹前，指尖相對，手心斜向裡（圖74）。

5. 下肢不動，上體前俯，兩手前伸（圖75）。

6. 下肢不動，上體直起，同時兩臂外旋，手心向上，屈肘回收至腹前，指尖相對（圖76）。

7. 下肢不動，上體微向右轉。兩手向兩側擺起，與肩同高，手心向下。目視右手（圖77）。

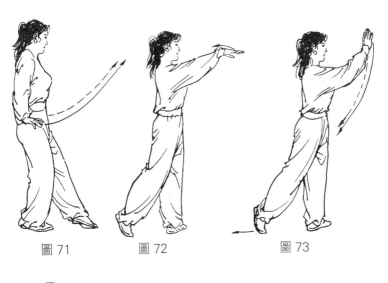

圖 71　　　　圖 72　　　　圖 73

圖 74

圖 75

圖 76

圖 77

第一章　木蘭拳規定套路

木蘭拳

圖 78

圖 79

8. 下肢不動，上體右轉，兩臂外旋，兩手心向上托起（圖 78）。

（十七）左右搖肩

1. 重心前移。左腿屈膝；右腿蹬直，腳跟離地。身體左轉 45°成叉步，兩臂隨體轉（圖 79）。

2. 上動不停。以腰帶臂手腕放鬆向左、向右、再向

圖 80

左微轉搖肩，隨後兩手內旋坐腕成立掌。目視左前方（圖 80）。

（十八）風掃梅花

1.重心前移，左腿獨立支撐，右腿膝微屈向前提起，以

圖 81

圖 82

左腳掌為軸身體向左轉135°。同時右腿隨轉體裡合擺至體前。目視前方（圖81）。

2. 右腳向前落步，腳前掌著地。左手向下、右手向上畫弧（圖82）。

3. 兩腳跟離地，以腳前掌為軸向左後轉體135°。兩臂隨體轉立圓繞擺至體兩側，高與肩平，手心向下（圖83）。

圖 83

4. 重心移至左腿，右腳跟離地，身體左轉45°。同時右臂向下、向前畫弧擺至腹前，手心向裡；左手向上、向右畫

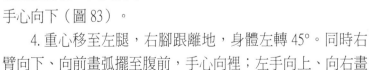

圖 84

圖 85

弧至胸前，手心向下（圖84）。

5. 右腳向前上步，腳前掌著地，腳尖外展，重心移向右腿；左腳跟離地。同時右手虎口向前上方穿出，手高於肩，手心斜向上；左手下按至腹前，手心向下（圖85）。

圖 86

6. 左腳經右腿後方向右後插步，身體微向左轉再向右轉。同時右臂內旋向右下畫弧；左手經右前臂內側虎口向前上穿出（圖86）。

7. 繼上動。兩腿屈膝下坐成坐盤式。同時身體右轉擰腰，右手向右下畫弧掃至體右下側，手心斜向下，兩臂自然伸直成一斜線。目視右手（圖87）。

圖 87　　　　　　　　圖 88

（十九）撥雲見日

1. 兩腳蹬地，身體直立（圖 88）。

2. 左腳向前上步，腳前掌著地；身體微右轉。左臂屈肘

向內畫弧至胸前立掌，右臂自然下落（圖 89）。

3. 上動不停。身體微向左轉。同時右手向左、向上、向右畫弧擺至頭前上方，掌心向外；左手向右、向下畫弧擺至腹前，掌心向下（圖 90）。

圖 89　　　　　　　圖 90

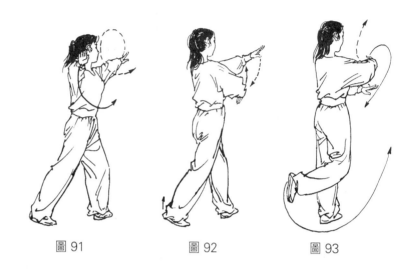

圖 91   圖 92   圖 93

4.上動不停。左腳跟內轉落地，重心前移。右手向右、向下畫弧至體右側，左手向左、向上畫弧至體左側，兩手與肩同高，掌心向下（圖91）。

5.上動不停。重心移至左腿，右腳跟離地。右手向下、向左畫弧至腹前，指尖向左下，掌心向裡；左手向上、向右畫弧至胸前，掌心向下（圖92）。

（二十）金蟬脫殼

1.左腿獨立支撐；右腿屈膝，右腳離地，腳尖自然下垂。左手下按至腹前；右手虎口經左臂內側上穿至胸前，指尖向左，掌心斜向上（圖93）。

2.右腳跟擦地向左斜前方45°勾踢。同時右手向下落至右胯旁，掌心向上；左手虎口經右臂內側向左前上方穿出。目視左前方（圖94）。

圖 94　　　　　　圖 95　　　　　　圖 96

（二十一）飛燕撲蝶

1. 右腳向右前 45°落地，腳前掌著地，腳尖外展，身體微右轉。右手略向後移，左手內旋下落（圖95）。

2. 左腳向前上步，腳前掌著地。右手向右後畫弧擺至右上方，掌心向左；左手向下畫弧至左胯前，掌心向下（圖96）。

圖 97

3. 右臂屈肘下落至腹前，指尖向下，手心向右；左手向後擺至左後方，掌心斜向後（圖97）。

4. 右腿屈膝全蹲，左腳外側向前擦地伸出成坐蓮步。同

圖98

圖99

圖100 附圖

時右指尖順左腿向前穿出，手心向右；左手臂向後擺起，掌心斜向上。身體前俯，胸部靠近左腿。目視右手（圖98）。

（二十二）宿鳥投林

1. 右腿蹬起，重心前移；左腿屈膝，身體直起微向左轉。同時右手臂外旋向前擺起，略低於肩；左手臂外旋向下、向前畫弧擺至體前。兩掌心相對（圖99、100附圖）。

圖 101

圖 102

2. 右腳向右前 45°上步，腳前掌著地，然後腳跟內轉落地，重心前移；左腳跟離地，身體右轉。同時右手向左、向下、向前、向上畫弧至頭前；左手先內旋向外畫弧後屈肘外旋收至左腰側，掌心向前，掌指向下（圖 101）。

3. 右腿獨立支撐，左腿屈膝向後擺起成後舉腿。同時右手架至頭前上方架掌；左手前推，指尖朝下，掌根高與胸平。目視左手（圖 102）。

（二十三）青鸞飛嘯

1. 左腳向左前方 90°落步，腳前掌著地；身體微右轉。右手隨轉體向右擺掌，指尖朝上，掌心向外；左手內旋畫弧至胸前立掌，指尖朝上，掌心向外（圖 103）。

2. 左腳跟內轉落地，重心前移，身體左轉，右腳跟離地。左手向下、向左、向上畫弧至頭左上方；右手向下屈肘

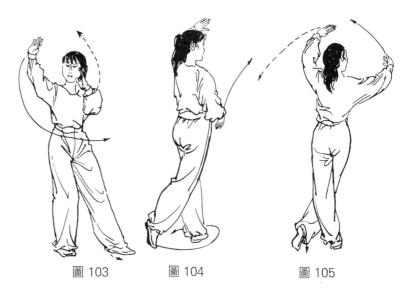

圖 103　　　　圖 104　　　　圖 105

收至腰間（圖 104）。

3. 繼上動。右腿經左腿前向左側蓋步，腳尖點地。同時右手虎口向右前上方穿掌，左手至頭額左前上方架掌。目視右手（圖 105）。

（二十四）黃鶯落架

1. 身體左轉 90°。同時左手向左、向下畫弧至體前；右手向上、向前畫弧至頭上方（圖 106）。

圖 106

2. 兩腳跟離地，以腳掌為軸，身體向左後轉 180°。右手臂隨體轉；左臂向下、向左畫弧至體左下方（圖 107）。

圖 107

圖 108

3. 身體左轉 90°。同時右手向右、向下畫弧至體側，掌心向下；左手向左後方畫弧至體側，掌心向上。目視左手前方（圖 108）。

4. 身體右轉。同時左手向上、向前畫弧至體前上方，掌心斜向下；右手向下畫弧，屈肘收於腹前，掌心向裡（圖 109）。

圖 109

5. 左腿獨立支撐，右腿向後抬起成後舉腿，身體左轉擰腰。同時右手經左前臂內側向上、向右架至頭額右上方，掌

木蘭拳

圖 110

圖 111

圖 112

心斜向外；左手隨轉體向外擺掌至體左斜前方，手腕與肩同高，指尖朝上。目視左前方（圖110）。

（二十五）猛虎聽風

1. 右腳向右前45°落步，腳跟著地。兩手下落（圖111）。

2. 身體左轉約130°。右腳尖內扣，右膝微屈；左腳跟內轉成虛步。右手向左、左手向右畫弧交叉於體前，右手在裡，左手在外，指尖斜朝上，掌心斜向外（圖112）。

3. 左腳掌向後掃腿，腳尖著地，然後重心後移。同時兩

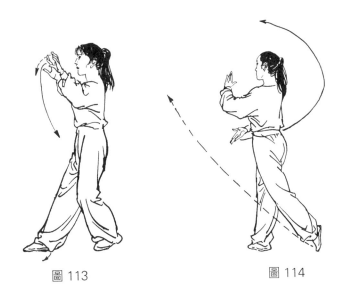

圖 113　　　　　　　　圖 114

手向體側分掌，腕高於肩，掌心斜向外，指尖向上。目視前
方（圖113）。

（二十六）左右浪子踢球

1.右腳跟內轉落地，重心
前移；左腳跟離地。同時身體
微右轉。右手向左前、向下畫
弧至腹前，掌心向上；左手向
右畫弧至胸前（圖114）。

2.身體繼續右轉，同時右
手向後、向上畫弧於頭右上
方。右腿獨立支撐，左腿勾腳
尖向上踢起高於肩。目視前方
（圖115）。

圖 115

圖 116

圖 117

3. 左腳向前落步，腳
前掌著地。上肢動作不變
（圖 116）。

4. 左腳跟內轉落地，
重心移向左腿。同時身體
左轉 90°。右手下落至左
胸前立掌，左手向下、向
左、向上畫弧至頭左上方
架掌（圖 117）。

5. 左腿獨立支撐；右
腳勾腳尖向上踢起，腳高
於肩。目視前方（圖
118）。

圖 118

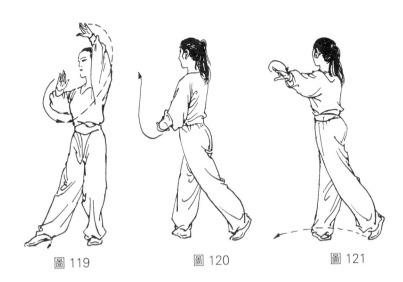

| 圖 119 | 圖 120 | 圖 121 |

（二十七）巧坐金蓮

1. 右腳向前落步，腳掌著地。上肢動作不變（圖 119）。

2. 右腳跟內轉落地，重心前移，身體微右轉。兩手外旋下落於腹前，掌心向上（圖 120）。

3. 重心移向右腿，身體微向右轉。同時兩手向下、向兩側分開，與肩同高，掌心向下（圖121）。

圖 122

4. 左腳向前上步，腳尖外展著地。身體微向左轉。同時兩臂外旋，手心向前（圖 122）。

5. 重心前移，右腳跟離地，身體微左轉。兩手向前擺

圖 123

圖 124

掌，左手置於右臂內側，掌心
向右；右臂自然伸直，掌心向
左，與肩同高。目視前方（圖
123）。

　6. 重心後移，右腳跟落
地，身體微向右轉。同時兩臂
屈肘，左掌心斜向下，右掌心
斜向裡（圖124）。

　7. 兩腿屈膝全蹲，右腳跟
離地，臀部後坐於右小腿接近

圖 125

腳跟處。同時右手臂內旋，向下屈肘收至胸前，手心向前經
左手臂下向前立掌推出；左手臂內旋，上架至頭額左前上
方，掌心斜向上。目視前方（圖125）。

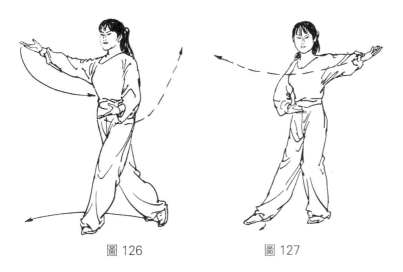

圖 126　　　　　圖 127

（二十八）請拳謝禮

1. 兩腳蹬地，身體起立，微向左轉。同時左手外旋，向下畫弧至左胯側，掌心向上；右臂外旋，手心向上（圖126）。

2. 右腳向前上步，腳掌著地，重心在左腿。同時左手向左、向上畫弧至左側，手略高於肩，掌心向上；右手向左斜下畫弧至腹前，掌心向上（圖127）。

圖 128

3. 右腳跟內轉落地，重心移向右腿，身體右轉90°。左手向前畫弧至體前方（圖128）。

圖 129

圖 130

4. 左腳向前上步，腳掌著地，重心在右腿（圖129）。

5. 左腳跟內轉落地，右腳跟離地，重心移向左腿，身體左轉90°。同時右手握拳，手腕內旋向外、向前畫弧至胸前，拳眼斜向下；左手內旋，掌心向斜外（圖130）。

6. 左腿獨立支撐，右腿屈膝向後抬起成後舉

圖 131

腿，身體微左轉。同時右拳與左掌在胸前相抱成請拳式。目視左前方（圖131）。

圖 132

圖 133

收　式

1. 右腳向右前方落步，腳前掌著地，重心在左腿。同時兩手臂外旋，手心斜向上（圖132）。

2. 右腳跟微外轉，重心移向右腿，身體微左轉。兩手向下、向外分開至體兩側與胯同高，掌心斜向前（圖133）。

3. 左腳跟併向右腳跟內側，腳尖略外展，兩膝微屈。同時兩手向上畫弧至頭前上方，指尖斜向上，掌心斜相對（圖134）。

圖 134

圖 135

4. 兩腿自然伸直站立，兩手臂下落至體兩側，手心朝內，臂自然伸直。目視前方（圖 135）。

第二章

木蘭扇規定套路

第一節　木蘭扇基本方法

一、扇的部位名稱簡介

如圖1所示。

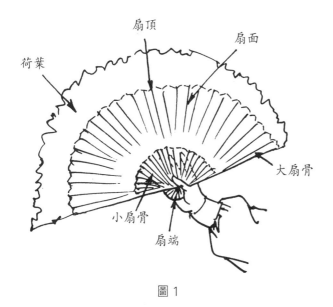

圖1

圖2　　　　　　　　　　　圖3

二、扇的握法

（一）合扇握法

拇指、中指、無名指、小指握扇，食指伸直貼於扇面（圖2、3）。

（二）開扇握法之一

大拇指扣壓在扇端和大扇骨上，食指、中指、無名指、小指壓於另一面小扇骨上（圖4、5）。

（三）開扇握法之二

大拇指扣壓在扇端上，食指、中指、無名指、小指屈指扣壓在另一面扇端上（圖6）。

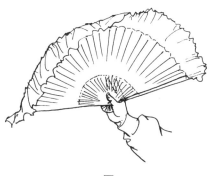

圖 4

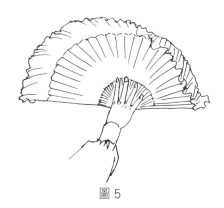

圖 5

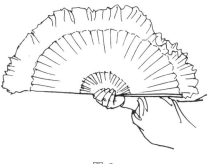

圖 6

第二章　木蘭扇規定套路

木蘭拳

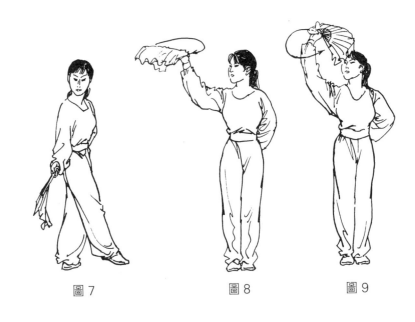

圖7　　　　　　　圖8　　　　　　　圖9

三、開扇法

　　甩腕至扇面開平，扇面要求平整不能折疊（參見圖4、6）。

四、合扇法

　　甩腕至扇骨合攏，握於虎口中（圖7）。

五、雲　扇

　　扇以腕關節為軸向內或向外轉動（圖8、9）。

六、托　扇

　　扇面朝上，由下向上托起，成水平（圖10）。

圖 10   圖 11

七、推　扇

　　立扇，扇面朝前，手臂由屈到伸推出（圖11）。

八、翻　扇

　　平開握扇，手向內或外由扇的一面翻向另一面（圖12）。

九、撩　扇

　　合扇，大扇骨由後向前上方抬起，臂外旋（圖13）。

圖 12

圖 13

第二節　木蘭扇三十八式規定套路

一、動作名稱

預備式

（一）神龍昂首

（二）龍飛鳳舞

（三）燕子探海

（四）金龍穿心

（五）推雲播雨

（六）風卷殘葉

（七）神女揮扇

（八）揮舞彩扇

（九）撥雲見日

（十）彩雲飄蕩

（十一）犀牛別宮

（十二）仙人指路

（十三）飛燕撲蝶

（十四）雨打櫻花

（十五）順水推舟

（十六）鳳凰展翅

（十七）右倒卷珠簾

（十八）左倒卷珠簾

（十九）美女獻扇

二、動作說明

預備式

　　兩腳跟併攏，腳尖外展成八字步，兩腿自然站立，右手握扇，扇頂朝下，兩手自然垂於體兩側。下頜微收，目視前方（圖1）。

（一）神龍昂首

　　1. 身體微向左轉。同時左臂自然伸直向左側上方抬起，手心向下，高與肩平；右手扇頂微向裡扣。目視左手前方（圖2）。

　　2. 左臂屈肘坐腕，指尖朝

圖1

圖 2

圖 3

上，掌根向外推出。目視左手前方（圖3）。

3. 右手不動，身體右轉 90°。同時左手心朝下，手腕外旋，手心向前隨體轉擺向右前方，掌心朝右。目視左手前方（圖4）。

4. 右手不動，身體左轉 45°。同時左臂屈肘坐腕，指尖向上，掌根略向前推，手與胸高。目視前方（圖5）。

（二）龍飛鳳舞

1. 兩腳不動，兩手心相對，左手向下落至腹前（圖6）。

2. 右手上提至臉前，右手臂內旋，手心向外，向上抬至頭額前上方。眼隨視右手。同時左手擺至左胯前（圖7）。

3. 上動不停。右手繼續向外、向下畫弧至身體左前下方，手心朝上；同時左手向左、向上、向前畫弧至右前臂上，手心朝下。目視扇頂方向（圖8）。

4. 上體右轉 45°。同時右手向右側上方擺起，扇頂朝

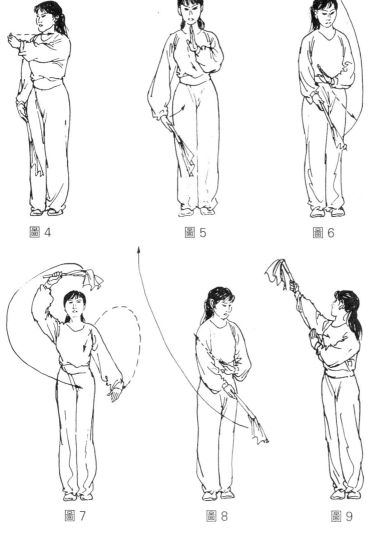

圖4　　　　　　　　圖5　　　　　　　　圖6

圖7　　　　　　　　圖8　　　　　　　　圖9

上；左手隨右轉身附於右扇前。兩腳跟提起。目視右手（圖
9）。

圖 10

圖 11

5. 兩膝微屈，右腳跟下落。同時上體左轉 45°，左手落至胸前立掌。目視前方（圖10）。

6. 右腿支撐；左腿屈膝提起，腳尖自然下垂略內扣。目視左前方（圖11）。

7. 上動不停。左小腿上擺至腰高以上，腳背向上（圖12）。

8. 上動不停。左腿挺膝，腳尖勾起，腳跟向前上方 15°

圖 12

圖 13

圖 14

蹬出，腳高於胸。目視左
腳方向（圖13）。

（三）燕子探海

1. 左腿體前下落，腳
跟著地（圖14）。

2. 左腳尖內扣45°，
重心移至左腿，身體右轉
90°；右腿提起向體後落
步，腳前掌著地。同時右
手扇下落，手心朝上；左
手下按至腹前。目視前方（圖15）。

3. 重心後移，右手握扇屈肘回收至腹前，扇頂朝左，手

圖 15

心朝上；同時左手外旋虎口朝前經右手下向前穿出（圖16）。

4. 重心前移，後腳跟提起。左臂屈肘坐腕，左掌內旋至右胸前立掌；同時右手向前上方抬至頭上，扇頂斜向後。目視前方（圖17）。

5. 左腿支撐；右腿屈膝向後抬起，腳掌斜向上與臀同高。同時右手向前開扇。頭向左轉，目視前方（圖18）。

圖16

圖17

圖18

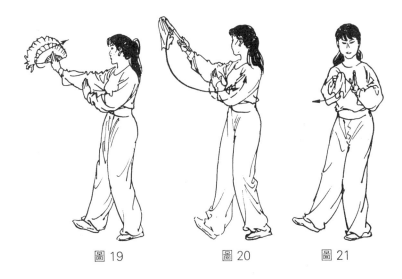

圖 19　　　　　圖 20　　　　　圖 21

（四）金龍穿心

1. 右腳向右前 45°落步，腳跟著地。右手內旋，手心向下，扇面微下按（圖19）。

2. 上動不停。右手腕外旋，合扇至虎口中，手心斜向上。目視右手（圖20）。

3. 兩腳不動，上體左轉 45 度。同時右手心朝上，向左下平擺至胸前，扇頂朝右側；左手隨轉體附於胸前。目視右扇頂前方（圖21）。

圖 22

4. 左手臂外旋，手心向上，指尖向左側經右前臂上向左側穿出；同時身體向右轉 45°，右臂屈肘收至胸前，手心朝上。目視前方（圖22）。

圖 23

圖 24

5.兩腳不動，身體微向左轉。同時扇頂經腹前向左穿至左腹前，手心朝上；左前臂內旋屈肘抱於左胸前，手心朝下與右扇相對。目視右手（圖23）。

6.重心右移，右腿屈膝半蹲，左腿自然伸直，同時身體右轉90°，右前臂內旋上架至頭額右前上方；左手立掌坐腕隨之向前推出，臂微屈，掌根與胸高。目視前方（圖24）。

（五）推雲播雨

1.右腿支撐，左腿屈膝提起。上肢動作不變。目視前方（圖25）。

2.上動不停。左小腿上擺至腰高，腳背向上（圖26）。

3.上動不停。左腿挺膝，腳尖勾起，腳跟向左前上方45°蹬出，腳高於胸。目視前方（圖27）。

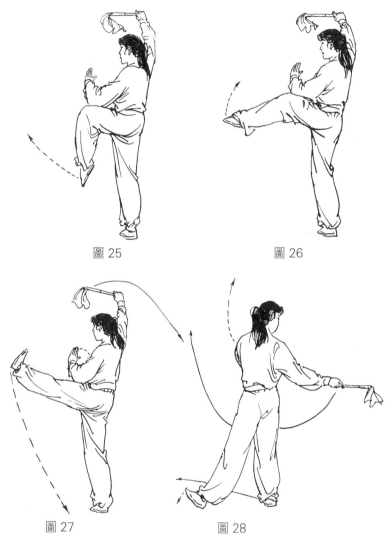

圖 25

圖 26

圖 27

圖 28

4.左腿向前下落，腳跟著地。同時兩臂向右斜後下落至右腰側，兩手心均向下，扇頂向斜後方。目視右手（圖28）。

圖 29

圖 30

5. 左腳尖外展落地，重心左移；右腳向右前 45°方向上步，腳跟著地。同時左手向左上擺起至頭額左前上方架掌，掌心向上；右手外旋，手心向上，由後向右腳前上方撩扇，手略高於肩，扇頂斜向上。目視扇頂方向（圖 29）。

（六）風卷殘葉

1. 右腳尖內扣，重心移至右腿，身體向左後轉 180°；同時左腳尖外擺至左斜前方 45°落步。兩手隨轉體向左平行擺動至體右前。眼隨視右手（圖 30）。

2. 重心移至左腿；右腳向前上步，腳跟著地。同時左手心向外向後擺至腹前，右手臂屈肘收至腹前，扇頂朝左。目視右前方（圖 31）。

3. 上肢動作不變，右腳尖外展 45°落地，重心移至右腿（圖 32）。

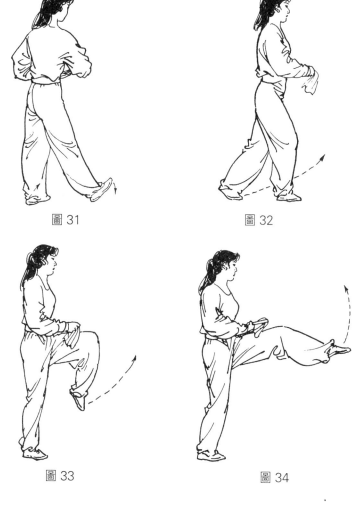

圖 31　　　　　　　　　　圖 32

圖 33　　　　　　　　　　圖 34

　　4.右腿獨立支撐；左腿屈膝提起，腳尖自然下垂。上肢動作不變。目視前方（圖33）。

　　5.上動不停。左小腿上抬至腰高，腳背向上。目視前方（圖34）。

圖 35

圖 36

6. 左腿挺膝，腳尖勾起，腳跟向前上蹬出，腳高於胸。上肢動作不變。目視前方（圖35）。

7. 左腳體前下落，腳跟著地。上肢動作不變（圖36）。

8. 左腳尖內扣，身體右後轉180°，重心移至左腿；右腳尖外擺至右前45°處落地。同時兩手隨轉體向右後下方擺至體前，左手心斜向下，右手心朝上，扇頂朝斜下方（圖37）。

圖 37

9. 右腿屈膝，左腳跟離地提起。同時右手向右後斜上方擺起，扇頂斜向後上方；左手擺至右胸前立掌坐腕。目視扇頂方向（圖38、39附圖）。

圖 38　　　　　　　　圖 39 附圖

（七）神女揮扇

1.重心右移，左腳
向前上步，腳跟著地，
腳尖外展約 90°，落地
後重心左移。同時右手
向下、向前撩扇至肩
平，手心朝上；左手附
於右胸前立掌。目視前
方（圖 40）。

2.右手腕上翹向裡
開扇，同時頭向左轉，
目視前方（圖 41）。

圖 40

木蘭拳

圖 41

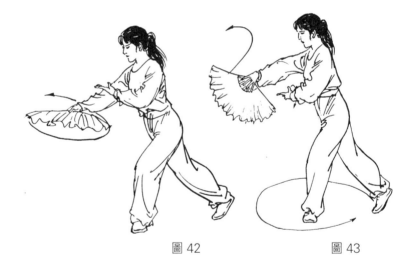

圖 42   圖 43

（八）揮舞彩扇

1. 兩腿不動。右手內旋，扇面翻轉向下至腹前，扇頂朝左；同時左手臂外旋，手心朝上。目視右扇（圖42）。

2. 右手以腕為軸平扇向內旋轉至手心斜向上（圖43）。

圖44　　　　　　　　　　　　　圖45

3. 左腿蹬直；右腿提起經左腿前向左側蓋步，腳前掌著地。同時右手繼續外旋抬至頭上方，扇面反向上，扇頂朝前；左手內旋，手心翻向下。頭上抬，眼看扇面（圖44）。

4. 兩腳不動。右手繼續向外、向下雲轉至身體左側胯旁，扇頂朝裡；左手向外、向上架至頭額左上方。目視右手（圖45）。

5. 兩腳跟提起，以兩腳掌為軸身體向左後轉180°。同時右手內旋平雲扇至手心翻向上，然後繼續向左前旋轉至臉前左前方，手心朝外，扇面朝外，扇頂朝左；左手外旋，掌心向內從體前下落至胸前，然後隨轉體向左上平帶至左斜前方，略高於肩。右腳向右前45°上步，腳跟著地。目視左前方（圖46）。

圖 46　　　　　　　　　　圖 47

（九）撥雲見日

　　兩腳不動。兩手以腕為軸向前上右旋腕雲扇，左手至左胸前，手心朝下，肘微屈抱球；右手至腰前，手心朝上，與左手心相對（圖47）。

（十）彩雲飄蕩

　　右腳尖外展45°落地，重心移至右腿；左腳跟抬起。同時兩手以腕為軸，由右向左在面前雲

圖 48

轉至左胸前，手心均朝右，扇頂朝左（雲扇時頭略抬起）。眼隨視兩手（圖48）。

圖 49　　　　　　　　　圖 50

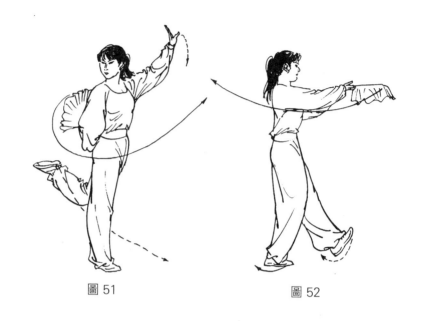

圖 51　　　　　　　　　圖 52

（十二）仙人指路

1. 左腳向左前方落步，腳跟著地。同時右手下落經右胯旁，手臂外旋，手心向前上方托起，高與肩平；左手下落，手心朝下附於右前臂上。目視前方（圖 52）。

2. 左腳尖內扣，身體右轉 180°，右腳尖外擺至右前方 45°落步，重心移至右腿，左腳跟離地。同時兩手臂隨轉體向右平擺至右前上方，扇頂向右腳尖方向，扇面斜向上。目視扇頂前方（圖 53）。

3. 左腳向左前 90°上步，腳前掌著地；右手擺至右上方，然後右手臂微內旋，扇面向左腳尖方向，扇頂朝上；左手向右下按掌至左腹前。目視前方（圖 54）。

4. 扇面略向前推，左手拉至左胯前（圖 55）。

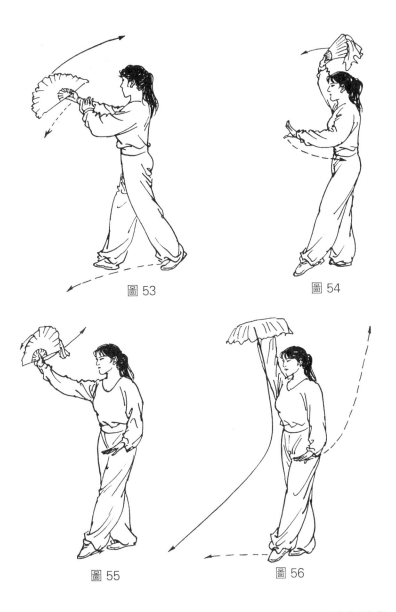

圖 53

圖 54

圖 55

圖 56

　　5. 右手腕上提內扣，扇頂向前，手心向下。同時左腳掌
略向回拉成左前點步。目視前方（圖56）。

圖 57

圖 58

（十三）飛燕撲蝶

右腿屈膝全蹲，左腳外側向前擦地伸出成坐蓮步。同時扇頂下穿經腹前順左腿上向前穿出，手心向下；左手臂向左後上方擺起，手心斜向上，左右臂成斜線。身體前俯，胸部靠近左腿。目視扇頂前方（圖57）。

（十四）雨打櫻花

1.右腳蹬地，向前上步，腳跟著地，同時兩手臂下落至體前，手心相對（圖58）。

2.右腳尖內扣，身體左轉，重心右移。同時左手微上提，手心向下；右手擺至腹前，手心朝內。眼隨視兩手（圖59）。

3.右腳支撐；左腳向右腿後方插步，腳前掌著地。同時左手向左擺至體後，手背貼於右腰上（圖60）。

圖 59

圖 60

圖 61

4.重心後移，左腿屈膝半蹲成右虛步，身體右轉。同時右手外旋，向右後下方合扇於虎口中，扇頂斜向下。目視扇頂方向（圖61）。

圖 62

圖 63

（十五）順水推舟

1.重心前移，左腳跟離地。同時右手握扇，扇頂向前畫弧至體前（圖62）。

2.重心後移，左膝微屈。同時右手向下、向右畫弧至身體右側下方，扇頂斜向下；左手不動。目視扇頂（圖63）。

（十六）鳳凰展翅

1.右腳尖內扣，重心右移，身體左後轉180°。同時右手腕內旋，扇頂向前、向下、向後擺至右後下方，手心朝上；左手隨左轉身向左上方擺掌，手心向上。目視前方（圖64）。

2.右腿獨立支撐；左腿勾腳尖向前上方踢起，腳高於

圖 64

圖 65

腰。同時左手向下、向後擺至身體左側，手心斜向上；右手向上擺至頭額前上方，向左腳方向開扇，扇頂朝前。目視前方（圖65）。

（十七）右倒卷珠簾

1. 左腳體前下落，腳跟著地，腳尖外展。同時右手臂內旋，手心向下按扇至腹前；左手心朝上，向左斜後方擺起（圖66）。

2. 重心前移，右腳跟離地。同時右手外旋，手心朝上；左手向前擺至

圖 66

圖 67

圖 68

胸前，手心朝下（圖67）。

　　3. 右腳向右前上步，腳跟著地。同時左手下按至腹前；右手扇骨經左手背上向前穿出，高與肩平。目視前方（圖68）。

圖 69

　　4. 右腳尖外展90°，身體隨之右轉90°，重心右移；左腳向右前上步，腳跟著地。同時右手內旋，手心翻向下，扇面按至腹前；左手心朝上，虎口朝前經右手背上向前穿出，高與肩平。目視左手前方（圖69）。

　　5. 左腳尖內扣，重心左移；右腳向右前45°上步，腳跟著地。同時兩手微內旋，手心向右平擺，扇面朝右。目視前方（圖70）。

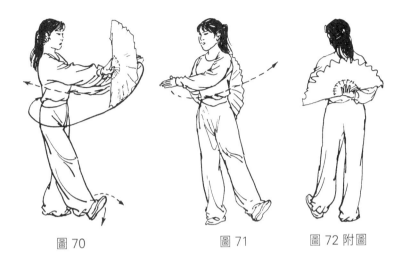

圖 70　　　　　　　圖 71　　　　　　圖 72 附圖

6. 右腳尖外展 45°落地，身體右轉 45°，重心移至右腿；左腳向前上步，腳跟著地。同時兩手隨轉體向右平擺，右手擺至右腰背後，手心貼於右腰上，手背朝外；左手擺至右胸前。目視右側前方（圖 71、72 附圖）。

7. 兩腿不動。上體微左轉，左手向左平擺至體左側。目視左手（圖 73）。

圖 73

（十八）左倒卷珠簾

1. 左腳尖外展 90°落地，同時身體左轉 90°。左手內旋，手心朝外立掌向前推出（圖 74）。

2. 左腿支撐；右腳向前上步，腳跟著地。同時左手下按

圖 74

圖 75

至腹前；右手由後向前提至腹前，手微外旋，手心朝上，扇骨尖向前上穿出，略高於肩。目視前方（圖 75）。

3. 右腳尖內扣，身體左轉 90°，重心右移，左腳跟離地向內擰轉。同時右手內旋，手心朝下按至腹前；左手外旋，手心向上，虎口朝前，經右手背上向前上方穿出，高與肩平。目視前方（圖 76）。

（十九）美女獻扇

1. 右腿支撐；左腳前掌向外弧形掃至左後方，腳尖斜向外。身體左轉 90°。同時左手內旋，手心斜向外；右手外旋，虎口朝上，兩手隨轉體微向左平擺

圖 76

圖 77　　　　　　　圖 78

（圖 77）。

　　2. 重心左移，右腳向右 45°上步，腳跟著地。同時左手擺至左腰後，手背貼於左腰上；右手擺至體左側，扇頂朝左。目視左前方（圖 78）。

　　3. 右手向上、向右畫弧至體右側合扇，扇與胸平。目視扇頂方向（圖 79）。

　　4. 重心前移，左腳跟離地。同時右手上舉至頭右上方，扇頂斜向後。目視前方（圖 80）。

圖 79

　　5. 右手向右前上方開扇，扇頂朝前。目視前方（圖 81）。

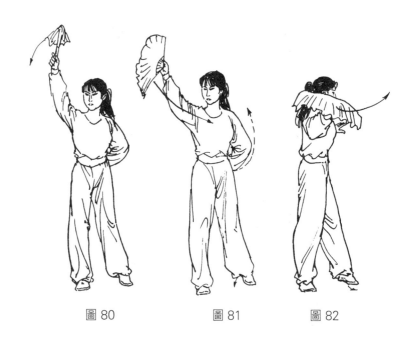

圖 80　　　　圖 81　　　　圖 82

（二十）雪浪翻滾

　　1. 左腳跟向內擰轉，同時身體左轉135°。右手外旋，手心朝上，隨轉體擺至體右側；左手向左側抬起，擺至體左側，手心朝下，高與肩平。目視前方（圖82）。

　　2. 左腳跟繼續內擰落地，重心前移；右腳跟離地。同時身體左轉，右手向前平擺（圖83）。

圖 83

圖 84　　　圖 85 附圖　　　圖 86

3.右腳向左腳內側上步，腳跟
著地。同時兩臂屈肘內合，兩手心
朝內，在面前交叉成十字手，右手
在內，左手在外，扇頂朝上。目視
扇面（圖84、85附圖）。

4. 右腳尖內扣，身體左轉
45°。兩手內旋，手心朝下（圖
86）。

5. 右腿支撐微屈；左腳向右腳
後側插步，腳前掌著地。同時兩手
心向外平行拉開，扇頂朝左，高於
肩。目視右扇（圖87）。

6.兩手心向體右側下按（圖88）。

7. 重心移至左腿，右腳掌離地成右虛步，身體左轉

圖 87

圖 88

圖 89

圖 90

90°。同時兩手心向前上托起，右手平扇高與肩平；左手隨轉身上架於頭額左前上方，手心斜朝上。目視前方（圖89）。

（二十一）敦煌飛壁

1. 右腳尖內扣，身體左後轉180°，左腳跟離地向內擰正。同時右手內旋，手心朝左，兩手向左平擺（圖90）。

2. 右手繼續向左合扇至左手虎口中。目視右扇（圖91、92附圖）。

3. 重心前移，右腿屈膝提起，腳尖自然下垂（圖93）。

4. 右小腿向上抬起，腳背向上，高於腰。目視前方（圖

圖 91

圖 92 附圖

圖 93

圖 94

圖 95

94）。

　　5.上動不停。右腿挺膝，腳尖勾起，腳跟向前上方蹬
出。目視前方（圖95）。

木蘭拳

圖 96

圖 97

6. 右腿體前下落，腳跟著地（圖96）。

7. 重心前移。兩手向前上抬起，扇頂朝前，手高於肩，左手按於扇骨上。目視前方（圖97）。

8. 重心後移。右手下擺至右斜後下方，扇頂斜向下，手心向右；左手向左前上方伸直，手心斜朝下。目視扇頂（圖98）。

圖 98

9. 重心前移，左腳跟離地。目視左手（圖99）。

10. 右腿獨立支撐；左腿屈膝向後上抬起，腳掌朝上，高與臀平。同時左手向上翻轉，掌心朝上；右手平行開扇。頭向右轉，目視右手（圖100）。

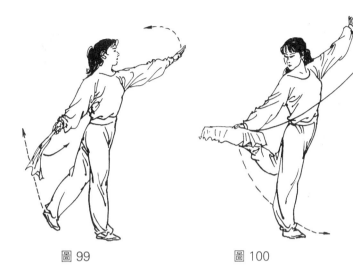

圖 99　　　　　　　　圖 100

（二十二）仙童摘果

　　左腳向前落步，腳前掌著地；右腿微屈。同時右手心朝上，平扇向前上方托起，手高於肩；左手心向下落於右腕上。目視前方（圖101）。

（二十三）雨打櫻花

　　1. 左腳跟內擰成外展腳落地，身體左轉45°；右腳向體

圖 101

前上步，腳跟著地。同時右手腕內旋翻扇至臉前立扇，扇頂朝上，扇面朝前略向前推；左手落於右胸前立掌，肘微屈。目視前方（圖102、103附圖）。

圖 102

圖 103 附圖

2. 右腳尖內扣，身體左轉180°，重心右移；左腳向右腿後插步，腳前掌著地。同時兩手心向下擺至體前，手心斜向下。眼隨視右手（圖104）。

3. 重心後移成右虛步。同時右手外旋翻扇成手心朝上，然後向右斜後下方合扇，扇頂斜向下；左手向上擺至頭額左前上方翻手亮掌，手心斜朝上（圖105）。

圖 104

（二十四）推窗望月

1. 重心移至右腿，左腳向左前45°上步，腳跟著地。同時左手下落至右胸前立掌，手心朝右；右手平開扇，扇骨貼

圖 105　　　　　　　　圖 106

至右前臂，手高與肩平。目
視右扇（圖 106）。

　　2. 左腳尖外展 90°，身
體左轉 180°，重心移至左
腿，右腳跟離地。同時兩手
臂隨轉體向左平擺，眼隨視
右手（圖 107）。

　　3. 右腳向右前方上步，
腳跟著地。同時兩手繼續向
左擺，左手至左胸前立掌，
手心斜向右；右手至頭額右
前上方，手心朝外，扇頂朝
左。眼隨手走（圖 108）。

圖 107

　　4. 重心前移，左腳跟離地。同時身體微向右轉，兩掌向

圖108

圖109

下經體前向右前方推掌。目視前方
（圖109）。

（二十五）倒卷珠簾

　　1. 右腿支撐；左腳擺至體後
方，腳前掌著地。同時右手外旋成
手心朝上，右扇向下平落至胸前；
左手下按至腹前。目視前方（圖
110）。

　　2. 上動不停。重心後坐成左虛
步。右手下落至腹前；左手外旋，
手心朝上，虎口朝前經右手心上向

圖110

圖 111　　　　　　圖 112　　　　　　圖 113

前穿出，高與肩平。目視前方（圖 111）。

（二十六）托雲坐蓮

1.右腳尖內扣 135°，身體左後轉 180°，重心移向左腿，左腳跟離地向內撐正。同時右手腕內旋向右翻轉至頭額右上方，扇頂朝左，扇面平；左手內旋，手心向下，隨轉體向下擺至左胯旁。目視前方（圖 112）。

2.右腿屈膝全蹲；左腿向前自然伸直、膝膕貼於右膝蓋內側，腳外側著地。左手背向左腰後，手背貼至左腰上。目視前方（圖 113）。

圖 114

圖 115

（二十七）白蛇吐信

1.兩腿蹬地，身體上起。左手向前上方擺至左肩前，手心朝下；右手向後、向下、向左前上方撩起，手心朝上，高與胸平，與左手心相對成抱球狀。同時右腿由後向左前方擺起，腳尖外展，腳內側朝上，高於左膝。目視前方（圖114）。

2.身體右轉90°。右腳向右側落步，腳跟著地。兩手隨轉體向右平擺（圖115）。

3.右腳尖外展45°，身體右轉90°，重心右移；左腳向前上步，腳跟著地，腳尖外展。同時右手內旋，手心向左，隨上步擺至右側，扇面朝前；左手擺至腹前。目視左手（圖116）。

4.重心前移，左腿屈膝半蹲；右腿自然蹬直，腳跟離

圖 116　　　　　圖 117

地。同時左手經左小腿前向
左側下方擺掌，手心向下，
指尖斜向下；右手隨左轉體
向右側上方伸直，扇面朝
下，扇頂朝斜上方。目視左
手（圖117）。

　　5. 左腿蹬直，身體直
立，右腳向左腳前蓋步，腳
掌著地。兩臂前後成斜線，
手心均向下。目視前方（圖
118）。

　　6. 重心右移，左腳向左
前上步，腳前掌著地。同時右臂下落屈肘，右手收至右胯
旁，手心朝上，扇頂朝前；左手上抬。目視前方（圖

圖 118

圖 119　　　　　　　　　圖 120

119）。

　　7.左腳跟內擰成外展腳落地，左腿支撐膝微屈；右腳尖勾起，由後向前上方擦地勾踢。同時左手上架至頭上方，手心斜向上；右扇頂向前上穿出。目視扇頂方向（圖120）。

（二十八）頑童探路

　　1.右腳跟落於左腳前，腳尖內扣，身體左轉180°，重心右移；左腳尖外展，然後左腳抬起向左側90°落步，腳跟著地。同時左手隨轉體向左下擺至腹前；右手內旋，手心向下，隨轉體下按至體右側（圖121）。

　　2.左腳尖外展，左腿屈膝半蹲；右腿伸直，腳跟離地。同時右手腕上翹，手心向內貼於腰背後；左手擺至左前上方，虎口朝上，手心斜向後。目視左手（圖122）。

圖 121　　　　　　圖 122

（二十九）撥雲見日

1.右手由後向前弧形擺起，手心斜向下；左手心向下落於右前臂上。眼隨視兩手（圖123）。

2.左腿支撐；右腳向前上步，腳跟著地。右手內旋，手心翻向外，以腕為軸由左向右在頭額前上方雲轉一圈至手心朝上，扇頂朝前，扇面平。目視前方（圖124）。

圖 123

圖 124

圖 125

（三十）斜身照影

1. 右腳尖外展 45°落地，重心前移；左腿屈膝提起，腳尖自然下垂。同時兩手上托於面前。目視前方（圖 125）。

2. 左小腿向右前 45°擺起至腰平（圖 126）。

3. 上動不停。左腳尖勾起，腳跟向前上方蹬出，腳高於胸。目視前方（圖 127）。

圖 126

4. 左腳向前落步，腳跟著地，腳尖外展，兩膝微屈。同時右手腕向內雲扇至手心朝外，左手下落至胸前立掌（圖 128）。

圖 127

圖 128

5. 兩膝蹬直，重心前移，右
腳跟離地。同時兩手微向前上推
掌。目視左下方（圖 129）。

（三十一）書地斷水

1. 右手心微下按；同時左手
擺至左胯旁，手心斜向下（圖
130）。

2. 右腳經左腿前向左側蓋
步，腳前掌著地。同時身體左轉
180°，左腳跟內轉。兩手隨轉體
向前上托起，左手架至頭額左前
上方，右手心向上，扇頂朝前，
與肩平。目視前方（圖 131）。

圖 129

木蘭拳

圖 130　　　　　　圖 131

3. 重心前移，後
腳跟離地，身體右轉
90°。同時左手外
旋，手心向上，下落
至體左側；右手向
下、向後、向上擺至
頭右側上方，手心斜
向上，扇頂斜向上。
目視扇頂方向（圖
132）。

4. 左腳向前上
步，腳尖外展，重心
前移；右腳跟離地。

圖 132

圖 133　　　　　　　　圖 134

同時左手臂向後上擺起，
手心朝上；右手向前下按
扇至腹前，手心朝下。目
視前方（圖133）。

　　5. 重心後移，同時扇
面收至腹前，右手心朝
內；左手擺至頭額左前上
方翻掌，掌心向上。目視
前方（圖134）。

　　6. 右手上提至胸前，
手腕外旋向前伸臂收扇，

圖 135

手心朝上，高與肩平。同時兩腿屈膝全蹲，臀部坐於右小腿
上。目視前方（圖135）。

圖 136

圖 137

（三十二）金龍出海

1.兩腳蹬地，身體上起，重心前移，右腳向右前 45°上步，腳跟著地。同時左手臂向前下擺至體前，手心朝下；右手向下擺至體後，扇頂斜向下。目視前方（圖 136）。

2.重心前移，右腿獨立支撐，左腳勾腳尖向前上踢起，腳高於腰。同時左手下擺至左胯旁；右手向前上方掄擺開扇，扇頂朝前。目視前方（圖 137）。

（三十三）平掃金光

1.左腳向前落步，腳跟著地，腳尖外展。同時左手外旋，手心向上托至體前；右手外旋，手心向上，下落至體前，扇頂朝前。兩手平行，與肩同寬（圖 138）。

圖 138

圖 139

2. 重心前移，右腳向前上步，腳跟著地，身體左轉90°。同時兩臂屈肘收至腹前，兩腕內旋向體兩側分開平舉。目視扇頂方向（圖139）。

3. 右腳尖內扣約90°，身體左轉90°。同時兩手背斜向內合至胸前，手心朝外，指尖相對（圖140）。

4. 右腳尖內扣，右腿支撐；左腳向右後插步，腳前掌著地，重心後移。同時兩手向外撐開至肩前，臂微屈。目視前方（圖141）。

（三十四）鳳凰出巢

1. 兩手向外、向下畫弧，手腕略外旋成手心朝前（圖

圖 140

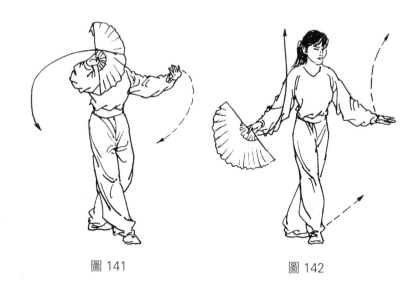

圖 141

圖 142

142）。

2. 右腳跟微內轉，重心前移，左腿屈膝提起。同時兩手向前上方托起，手心朝上，扇頂朝前，高於頭。目視前方（圖 143）。

（三十五）喜鵲登枝

1. 身體微右轉。同時右手向下、向後擺至體左後方，手心朝前，扇頂朝下；左手心向下按於右肩前成立掌（圖 144）。

2. 左腳尖勾起向右 45° 前方挺膝蹬出，腳高與胯平。同時左手向前下擺至左胯旁按掌；右手向右上

圖 143

圖 144

圖 145

方擺起至頭額右前上方翻扇，手心
朝上，扇頂朝左 45°方向。目視左
前方（圖 145）。

（三十六）外劈華山

1. 右腿微屈，左腿向右腳前落
步，腳跟著地（圖 146）。

2. 左腳尖外展 90°，身體左轉
90°，重心移向左腿，膝微屈，右
腳跟離地。同時左手向外、向上擺
至左胸前，手心朝下；右手向前下
落至腹前，手心朝內，扇頂朝下。
目視右手（圖 147）。

圖 146

木蘭拳

圖 147

圖 148

3. 右腳向左前 45°上步，腳跟著地；同時身體左轉至右腳方向。右手經左手臂內上提至臉前，手心朝內，扇頂朝左，然後向左前上方合扇，扇頂斜向上；左手在右胸前立掌。目視扇頂方向（圖 148）。

（三十七）回頭望月

1. 右腳內扣，左腳尖外擺，身體左轉 180°。同時左手向下擺至左胯旁，右手隨轉體微向前擺（圖149）。

2. 兩腿屈膝全蹲成左歇步。同

圖 149

圖 150

圖 151

第二章　木蘭扇規定套路

木蘭拳

時左手向外、向上擺至肩前上方；右手向左腿前下落，手心朝內，扇頂斜向下。目視前方（圖150）。

3. 上體左轉微向右傾，左手下落至右胸前立掌，右手上擺至頭右上方開扇。頭向左轉，目視左前上方（圖151）。

（三十八）外劈華山

1. 兩腳蹬起，身體右轉，重心前移。同時右手內旋，手心向下落至胸前，扇頂朝前；左手附於右前臂上（圖152）。

圖 152

2. 右腳向前上步，腳跟著地。同時右手向下收至腹前，

圖 153

圖 154

手心朝內，扇頂朝下；左手心朝下（圖153）。

3.右腳掌落地，重心右移。同時右手虎口朝上，扇骨尖朝上，經左前臂內側向上抬起。目視右扇（圖154）。

4.右腿支撐；左腿收至右腳內側，腳前掌著地。同時左手背於體後，手背貼於腰部；右手向右上方合扇至虎口中，扇頂斜向上。目視扇頂方向（圖155）。

圖 155

圖 156

收　式

　　1. 身體左轉 90°至起式
方向，左腳向前邁步，腳跟
著地。同時左手外擺至左胯
旁，手心朝下。目視前方
（圖 156）。

　　2. 重心前移，兩腿微
屈，右腳跟向前收至左腳跟
內側，兩腳尖微外展。同時
左手外旋，手心朝上，抬至
頭上方，手心斜向內。目視
前方（圖 157）。

圖 157

第二章　木蘭扇規定套路

木蘭拳

圖 158

3. 兩腿自然伸直，兩手臂向前下落至身體兩側收式。目視前方（圖 158）。

第三章

木蘭劍規定套路

第一節　木蘭劍基本方法

一、劍的部位名稱

如圖 1 所示。

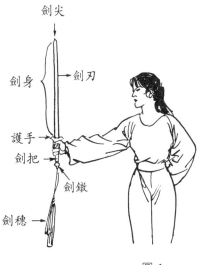

圖 1

二、握劍法

四指捲屈握於劍把上，拇指扣壓在中指、食指的第二骨節上，使劍把於虎口中（圖1）。

圖2

三、劍　　指

中指、食指伸直，無名指、小指捲屈，拇指扣壓在無名指和小指的第一指節上（圖2）。

四、點　　劍

提腕，使劍尖向前下，臂自然伸直，力達劍尖（圖3）。

五、雲　　劍

平劍，以腕為軸使劍在頭額前上方向左或右平轉一周（圖4、5）。

六、刺　　劍

立劍或平劍，臂由屈到伸使劍尖直向前方，劍與臂成一直線，力達劍尖（圖6）。

圖3

圖 4

圖 5

圖 6

第三章　木蘭劍規定套路

木蘭拳

圖 7

七、劈　劍

立劍，臂與劍成一直線由上向下劈，力達劍刃（圖7、8）。

八、崩　劍

立劍，翹腕使劍身由下向上挑起，力達劍刃（圖9）。

九、提　劍

劍尖朝下，右手握劍，虎口朝上，手臂由下向上為提

圖 8

圖 9

第三章 木蘭劍規定套路

木蘭拳

圖 10

劍，力達劍刃（圖 10）。

十、斬　劍

平劍，劍向左或右平行擺動，劍高與肩平，力達劍刃（圖 11）。

圖 11

十一、掃　劍

　　平劍，向左或右在膝下平行擺動一周或一周以上，力達劍刃（圖12）。

圖 12

十二、架　劍

　　立劍，劍橫向上至頭額上為架劍，力達劍刃（圖13）。

圖 13

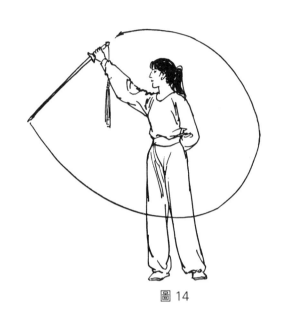

圖 14

十三、掛　劍

　　立劍，以劍尖為立點，劍在身體左右兩側立圓掄轉，劍在身體左側掛一圓為左掛劍（見圖14以左掛劍為例），反之為右掛劍，力達劍刃。

十四、穿　劍

　　平劍，劍尖經腹間弧形向前穿出，力達劍尖（圖15）。

十五、削　劍

　　平劍，劍由下向斜上方擺起為削，力達劍刃（圖16）。

圖 15

圖 16

第三章　木蘭劍規定套路

木蘭拳

圖 17

十六、撩　劍

立劍，劍由後向下、向上擺起，臂外旋，力達劍刃（圖17）。

第二節　木蘭劍四十八式規定套路

一、動作名稱

預備式

（一）前點步持劍上指

（二）弓步持劍前指

（三）後舉腿持劍穿指

（四）勾踢行步雲劍

（五）弓步抱劍

135

第三章　木蘭劍規定套路

木蘭拳

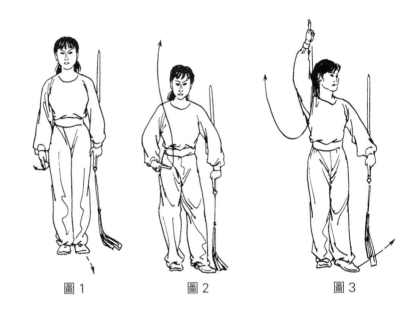

圖1　　　　圖2　　　　圖3

二、動作說明

預備式

兩腿自然站立，兩腳跟併攏，腳尖外展成八字步，左手持劍，右手劍指垂於體右側。目視前方（圖1）。

（一）前點步持劍上指

1.左手持劍，身體微向右轉。同時兩膝微屈，右劍指向前、向右、向後畫一小圓，掌心斜向下。左腳向前邁出，腳前掌著地。目隨視右手（圖2）。

2.兩膝伸直成前點步，同時身體微向左轉，劍指上指臂伸直。目視右前方（圖3）。

圖4　　　　　　　　　　圖5

（二）弓步持劍前指

1.身體微向右轉，右膝微屈支撐，左腳向左側邁出，腳跟著地。同時右前臂外旋，肘微屈向下、向右畫弧擺起，略高於肩，掌心斜向上；左手持劍向上、向右畫弧至腹前。目視右手指（圖4）。

2.身體左轉90°，重心前移，左腿屈膝，右膝自然伸直

圖6附圖

成弓步。同時右臂屈收，右指經右耳側向前指出，略高於肩，指尖斜朝上，手心斜向前；左手持劍向左畫弧至體左側。目視劍指前方（圖5、6附圖）。

圖7

圖8附圖

（三）後舉腿持劍穿指

1.右腳向前上步，腳前掌著地，腳尖外展，身體微向左轉。同時右指向左畫弧，手心向下；左手向上擺，手心向下。目視左手（圖7、8附圖）。

2.重心前移，身體右轉，左腳向前上步，腳前掌著地，腳尖外展。同時兩臂向右平抹。目視右指（圖9）。

圖9

3.左腳跟內轉落地，重心前移，左腿支撐；右腿向後抬起，腳掌斜向上，身體左轉擰腰。同時右指經腰右側向右斜上方穿出，臂自然伸直，手心

圖 10

圖 11

斜向左；左手持劍下落至左胯旁。
目視左前方（圖10）。

（四）勾踢行步雲劍

1. 上肢動作不變，右腿下落至
體後，膝微屈，勾腳尖向前方腳跟
擦地勾踢（圖11）。

2. 身體右轉90°，右腳向前落
步，腳跟著地。右臂內旋，手心朝
外，指尖朝左斜上方（圖12）。

圖 12

3. 身體右轉，右腳尖外展落
地；左腳經右腿內側向右前弧形上步，腳跟著地。同時右手
劍指向下、向右弧形擺至體右側；左手持劍隨轉體向上擺至

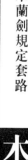

圖 13　　　　　　　　　圖 14

左胯前，掌心向下（圖13）。

4.身體繼續右轉，左腳尖內扣落地；右腳經左腿內側向前上步，腳跟著地，腳尖略外展。同時右指向下畫弧至左胯前；左手持劍經體前向頭額右斜上方弧形擺起，掌心斜向上，劍穗隨擺臂甩起。頭向上抬起，目視左手（圖14）。

5.上動不停。右腳掌落地，重心前移，左腳跟離地。同時左臂外旋，左手持劍在頭上雲轉一圈，劍穗隨之向右平圓甩動；右指隨體轉。目視左手（圖15）。

（五）弓步抱劍

左腳向前上步，腳跟著地，腳掌內扣下落，以兩腳前掌為軸，身體向右後轉動135°，右腿屈膝半蹲，左腿自然伸直成叉步。同時左臂隨體轉屈肘下落至腹前抱劍，手心斜向上，劍尖朝左；右指隨轉體向右、向上弧形擺至頭額右上

圖 15

圖 16

方，手心斜向上，指尖朝左上
方。目視左前方（圖 16）。

（六）歇步持劍架劍指

1. 左腳左前 45°上步，腳跟
著地。同時右臂外旋，手心向
上，下落至腹前；左手抱劍向頭
額右前上方抬起（圖 17）。

2. 身體左轉 90°，左腳尖外
展落地；右腳經左腳跟內側向前
上步，腳跟著地。同時左臂內旋
雲劍，手心斜向上，劍尖朝左，

圖 17

圖 18　　　　　　圖 19

劍穗隨之向左擺動；右指下落至右胯前（圖18）。

　　3.右腳尖內扣落地，身體左轉180°，左腳經右腳內側向右後方插步，腳前掌著地。同時右手持劍隨轉體向左、向下弧形擺至體左側，臂微屈，手心朝後，劍尖朝上；右指向右上弧形擺至頭右側上方，手心斜向下。目視前方（圖19）。

　　4.兩腿屈膝全蹲成歇步。同時左手持劍置於左胯旁，劍尖朝上；右手在頭額右上方亮指。頭向左轉，目視左前方（圖20）。

（七）叉步持劍穿指

　　1.身體起立，左腳向前上步，腳前掌著地，身體微向右轉。同時右指向下、向左畫弧至右腰側，臂外旋，手心向

圖 20 　　　　　　　　　　圖 21

圖 22 　　　　　　圖 23 附圖

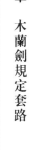

第三章　木蘭劍規定套路

木蘭拳

上；左手持劍置於左胯旁（圖21）。

　　2.左腳跟內轉落地，左腿屈膝半蹲；右腿自然伸直，右腳跟離地。同時身體左轉成叉步。右手指尖朝右；左手持劍，手心向後置於左胯旁。目視左前方（圖22、23附

圖 24

圖 25

圖）。

（八）叉步持劍挑指

1. 左腿支撐，右腳經左腳前向左側蓋步，腳尖外側著地。同時左手持劍向上提至胸前，手心斜向前，劍尖朝下；右指向上、向左弧形擺至面前，手心朝內，指尖朝上。目視前方（圖24）。

2. 右腳跟內轉落地，右腿屈膝半蹲；左腳跟離地，左腿自然伸直，身體右轉成叉步。同時左手劍把經右手心向左前上穿出，高與頭平，手心向右前，劍尖朝下；右指向下、向右、向上畫弧擺至體右側沉腕立指，手指高於肩。目視右指（圖25）。

圖 26　　　　　　　　　　　　　　　圖 27

（九）後舉腿架劍

1.身體微向左轉，左腳向左前上步，腳前掌著地，腳尖外展。兩手臂微下沉，劍與左前臂成水平，劍尖朝後（圖26）。

2.左腳跟內轉落地，重心移至左腿；右腳跟離地。同時身體左轉，左手持劍向下、向左弧形擺至左胯旁，手心朝後，劍尖朝上；右指向下、向體前撩起，掌心朝上，高與眼平。目視前方（圖27）。

3.右腳跟落地，重心後移。同時左手持劍向前上擺至腹前，手心向下，劍尖朝左後；右前臂內旋，手心向下落於劍把上接劍。目視兩手（圖28、29附圖）。

4.重心前移，左腿支撐；右腿屈膝向後抬起，腳掌斜向上，上體左轉45°。同時左指向左側前方指出，指尖朝上，

圖 28　　　　　　圖 29 附圖

手略高於肩；右手握劍向頭額右前上方橫架，劍尖朝劍指方向。目視左手前方（圖30）。

（十）插步下刺劍

1. 右腳向前落地，腳跟著地。兩手下落至胸前，右手腕內扣，劍尖斜向右下（圖31）。

2. 右腳尖內扣落地，左腳跟提起內轉，身體左後轉180°。兩手收至腹前，兩前臂外旋，手心斜向上，劍尖朝右側斜下方。目視劍尖（圖32）。

圖 30

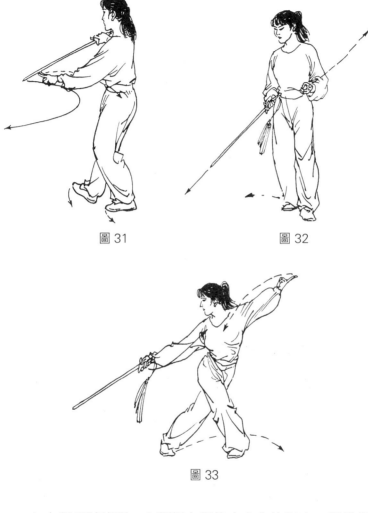

圖 31　　　　　　　　圖 32

圖 33

木蘭拳

　　3.右腿屈膝半蹲，左腳經右腿後方向右後插步，腳前掌著地。同時右手握劍向右下方立劍刺出；左手指尖向左前上方指出，指心斜向上，臂自然伸直，兩臂成一斜線。目視劍尖（圖33）。

圖 34

（十一）迎面甩穗

1.左腳向左側上步，腳前掌著地；右腿微屈。同時右前臂內旋，劍尖朝下，右手提至右胸前，手心朝右；左臂屈肘，左指向內、向下落於胸前，指尖朝上。目視右手（圖34）。

2.下肢不動。右手提劍向左、向上、向右、向下轉一小圓，使劍穗在體前立圓甩穗一圈；左指附於右腕處（圖35）。

（十二）望月平衡

1.下肢不動。右手握劍向上、向右外旋畫弧，手心向

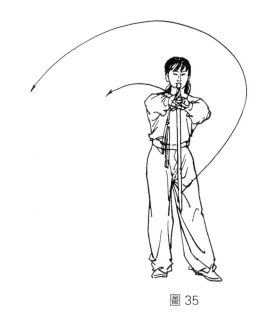

圖 35

圖 36

第三章　木蘭劍規定套路

木蘭拳

上，劍尖朝右，與臂成一直線；左指立於胸前不動。目視劍
尖方向（圖36）。

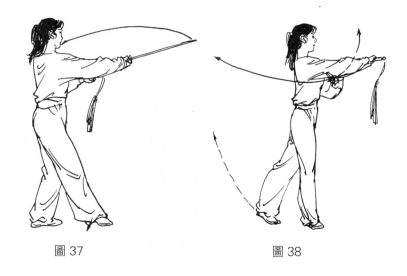

圖 37　　　　　　　　圖 38

2. 左腳跟內轉落地，身體左轉 90°。同時右腳向前上步，腳前掌著地。右手握劍向前平斬，手心向上，與肩同高，劍尖朝前；左指立於胸前不動。目視前方（圖 37）。

3. 右腳跟落地，重心前移，左腳跟離地。同時右手握劍，前臂內旋，手心向下，劍尖斜向左側後方；左手指合於右肘下（圖 38）。

4. 右腿支撐，左腿屈膝向後上抬，上體前傾，向右擰轉。同時右手握劍向右後斜上方斬劍，手心向下；左指上架頭額左上方。目視劍尖方向（圖 39）。

（十三）虛步平斬

1. 左腳向前落步，腳前掌著地；右臂外旋，手心向上，劍尖朝右。同時左指下落至胸前，指尖斜向上。目視劍尖方向（圖 40）。

圖 39

圖 40

2.上體左轉，右手握劍向體前平斬，手心向上，劍尖朝前。目視前方（圖41）。

圖 41

（十四）插步提劍

圖 42

　　1. 左腳跟內轉落地，重心前移；右腳向前上步，腳跟著地，同時身體向左轉90°。右手握劍向左平帶，劍尖斜向左前方。目視劍尖方向（圖42）。

　　2. 右腳尖內扣落地，重心移至右腿，身體左轉45°，左腳跟內轉。同時右臂屈肘內收於胸前，手心朝上，劍尖斜向下；左指附於右前臂上，指心向下。目視劍尖方向（圖43、44附圖）。

　　3. 右腿屈膝半蹲；左腳向右後插步，腳前掌著地。同時

圖 43　　　　　　圖 44 附圖

圖 45　　　　　　圖 46 附圖

右臂內旋屈肘，劍把向右斜上方提起，劍尖斜向下，手同耳
高；左指附於右前臂處立指。目視劍尖方向（圖45、46附
圖）。

圖 47

圖 48

（十五）蹬腳行步穿劍

1.重心前移，右腿支撐，左腿屈膝提起，腳尖自然放鬆，兩手動作不變（圖47）。

2.左小腿向上擺起至胸高時勾腳尖向前上方蹬出，腳高於胸。目視左腳前方（圖48）。

3.左腳向前落步，腳跟著地，兩手動作不變（圖49）。

4.下肢不動。身體右轉，右手握劍向上、向右畫弧至右上方，劍尖斜向右上方；同時左指向下、向左畫弧至左胯前。目視

圖 49

圖50

劍尖（圖50）。

　　5. 身體左轉90°，左腳尖外展落地；同時左指向左、向上架於頭上方；右手腕內扣，使劍尖向下、向前畫弧，右手置於右胯旁。然後重心前移，右小腿向後抬起。目視前方（圖51）。

　　6. 左腿支撐，膝微屈；右腳勾腳尖經左腳內側向前擦地勾踢。同時右腕上翹，使劍尖向前上穿出。目視前方（圖52）。

圖51

圖 52

圖 53

7. 上肢動作不變。右腳向前落步，腳跟著地。目視前方（圖53）。

8. 右腳掌落地，重心前移；左腳向前上步，腳跟著地（圖54）。

9. 上肢動作不變。左腳掌落地，重心前移；右腳向前落步，腳跟著地。目視劍尖方向（圖55）。

（十六）行步撩劍

1. 右腳尖外展落地，重心移

圖 54

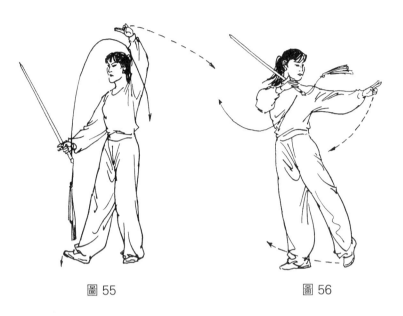

圖 55　　　　　　　　　圖 56

向右腿；左腳跟離地，身體微
向左轉。同時右臂外旋，劍把
向上、向左、向下畫弧擺至胸
前，劍尖斜向右上，劍穗隨之
向上、向左、向下甩動；左指
向左、向下落至體左側，手心
向下，高與肩平。目視左指方
向（圖56）。

圖 57

　2. 左腳經右腿內側向右前
90°蓋步，腳前掌著地。同時
右手握劍向下、向右畫弧至右
腹前；左指下落至左胯旁，手心朝前，指尖朝左後方。目視
右手（圖57）。

圖 58

圖 59

3.重心前移，右腳向右前上步，腳跟著地。同時右臂內旋，繼續向右上畫弧，手心向下，劍尖斜朝左下方；左指隨之向前擺動（圖58）。

4.重心前移，左腳向前上步，腳跟著地，腳尖略外展，重心移至左腿；右腳跟離地。同時右手劍把上提至頭額右上方，手心朝外，劍尖斜向下；左手不變。目視劍尖方向（圖59）。

（十七）弓步撩劍

1.左腿微屈；右腳向前上步，腳前掌著地。同時右手劍把繼續提至頭右上方，手心朝外，劍尖斜向前下方；左指向前擺至胸前，手心向上（圖60）。

2.右腳跟內轉落地，重心移至右腿，右膝微屈；左腳跟

圖 60　　　　　　　圖 61

離地，身體右轉約 90°。同時右手握劍扣腕，劍把向後、向
下落至體右側，劍尖朝上；左指向上弧形擺至右肩前立指。
目隨視右手（圖 61）。

　　3. 左腳向左側上步，腳前掌著地，腳尖外展。同時右手
伸腕使劍尖向後、向下畫弧；左指向下落至腹前，指心向
下。目隨視劍尖（圖 62）。

　　4. 左腳跟內轉落地，重心前移，左腿屈膝半蹲成左弓
步；右腿自然蹬直。同時身體左轉 90°，右手握劍向下、向
前畫弧撩起，前臂外旋，手心斜向上，劍略高於肩；左指向
左、向上架至頭額前上方。目視前方（圖 63）。

木蘭劍

圖 62

圖 63

（十八）轉身插步斜上斬劍

1.重心前移，左腿支撐；右腿向右前 45°上步，腳跟著地，身體微向左轉。同時右手握劍上擺至面前，劍尖朝前上方；左指下落至右肘內側，手心向下，指尖朝右（圖64）。

2. 身體左轉，右腳尖內扣，重心移至右腿，左腳跟內旋。同時右手臂向左、向下落至左肩前，劍身成水平，劍尖朝左側；左指略向內合。目視左前方（圖65）。

圖64

圖65

第三章　木蘭劍規定套路

木蘭拳

圖 66

3. 右腿屈膝半蹲；左腳
經右腿內側向右後插步，腳
前掌著地，腿自然伸直。同
時右手握劍向右側上方平
斬；左指向前上架至頭左上
方；上體向右擰轉。目視劍
尖前方（圖 66）。

（十九）上步接劍

身體左轉約 45°，左腳
向左前上步，腳尖外展，腳
前掌著地。同時右臂屈肘向
左雲劍至頭額前上方，手心

圖 67

朝下；左手臂外旋，手心朝上接劍。目視兩手（圖 67）。

圖 68　　　　　　　　　　圖 69

（二十）雲劍坐蓮持劍

1.左腳跟內轉落地，左腿微屈支撐，身體左轉 45°；右腳向前上步，腳跟著地。同時左手握劍向左、向後、向右旋腕雲劍，手心朝上，劍尖朝左斜後方；右指向下落至右胯旁，手心斜向後。目視前方（圖 68）。

2.右腳尖內扣，身體左轉 180°，重心移向右腿，右膝微屈，左腳跟離地內轉成左虛步。同時左手臂內旋向下、向左畫弧至左胯旁持劍，劍尖朝上；右指向右上擺至頭右上方（圖 69）。

3.右腿屈膝全蹲，左腳前掌外側擦地向前伸直，成坐蓮步。同時上體微向左轉，右指翹腕亮指，手心斜上。頭向左轉，目視左前方（圖 70）。

木蘭拳

圖 70　　　　　　　　　　　圖 71

（二十一）叉步持劍亮指

　　1. 右腳蹬地腿伸直，腳跟離地，重心前移，左腿屈膝半蹲成左弓步。同時右手臂外旋下落至胸前，手心朝上，指尖朝前。目視右手前方。左手動作不變（圖71）。

　　2. 右腳向左前45°上步，腳跟著地。同時右指向下、向右側弧形擺起，手心朝下，指尖朝右，與肩同高；左手動作不變。目視右指方向（圖72）。

圖 72

圖73　　　　　　　　　　圖74

3. 右腳尖內扣落地，身體左轉180°，重心移向右腿，左腳掌碾地，左腳跟離地內轉。同時右手臂微外旋，指心朝左，隨轉體向左平擺至體前，指尖向前。目視指尖方向（圖73）。

4. 右腿屈膝半蹲，左腳經右腿內側向右後方插步，腳前掌著地，腿自然伸直。同時右手臂屈肘沉腕，劍指立於左肩前。頭向右轉，目視右前方。左手動作不變（圖74）。

（二十二）後舉腿架劍

1. 身體左轉約90°，左腳向前上步，腳跟著地。左手臂上抬至腹前，手心朝下，劍尖朝左後方；右手下落，手握劍把接劍（圖75、76附圖）。

2. 左腳掌落地，重心前移；右腳向右前上步，腳跟著地，身體微向右轉。同時右手握劍，手臂外旋，手心向上；

圖 75

圖 76 附圖

圖 77

左指內旋，手心朝下，附於右手腕處（圖77）。

　　3.右腳尖外展落地，身體右轉180°，左腳提起。同時右手握劍隨轉體向右、向上畫弧至頭右上方甩穗，手心斜向

圖78　　　　　　　　　　　　圖79

後；左手動作不變（圖
78）。

　4.左腳經右腿前向
右蓋步，腳前掌著地。
右手向左、向下擺至左
胸前，虎口朝上，劍尖
朝右上方；左指附於右
前臂內側立指（圖
79）。

　5.左腳跟落地，重
心前移，右腳跟離地。
同時兩手向下畫弧至腹前（圖80）。

　6.左腿支撐；右腿向後抬起，腳掌斜向上。同時右手握

圖80

圖 81

劍向頭上方架劍，手心朝外，劍尖朝左；左指向左前指出。
目視左指方向（圖81）。

（二十三）勾踢撩劍

1.上體直立，右腿下落至體後，同時兩手向上、向右擺
動（圖82）。

2.上動不停。左腳以前腳掌為軸，身體向左轉90°；隨
之右腳跟經左腳內側向左前擦地勾踢。左指向右、向下、向
左、向上弧形擺起，架於額左上方；右手握劍使劍向下、向
左、向上弧形上撩至面前，手臂外旋，手心朝上，劍尖斜向
後，劍穗隨之甩起。目視右手（圖83）。

圖 82

圖 83

第三章　木蘭劍規定套路

木蘭拳

圖 84

（二十四）坐盤反撩劍

　　1.右腳向前落步，腳跟著地，身體左轉約 45°。同時右手劍把向上、向左、向下畫弧擺至左肩前，隨之劍向上、向左撩出，手心朝裡；左指向左、向下、向右畫弧至右臂下，手心朝下（圖 84）。

　　2.右腳尖內扣，身體微向左轉，重心移向右腿，兩腿屈膝下蹲；左腳經右腿後向右插出，左腿和左腳外側著地，成坐盤。右手握劍使劍身向右後上方撩出，手臂內旋伸直，手心朝外，劍尖斜向上；左指置於左耳側，上體前傾右擰。頭向右轉，目視劍尖（圖 85）。

圖 85　　　　　　　　圖 86

（二十五）後舉腿上刺劍

1. 兩腳蹬地，兩腿直立。
右臂下落，右手腕內扣，劍尖
斜向下；左指向右、向下、向
左畫弧至腹前。目視劍尖（圖
86）。

2. 身體左轉 90°，左腳向
前上步，腳前掌著地。同時右
手向下、向前收至右胯旁時手
腕外旋，手心斜向上，劍尖斜
向前；左指擺至腹前，手心斜
向下，劍指朝右（圖87）。

3. 左腳跟內轉落地，左腿

圖 87

木蘭拳

圖 88

圖 89

獨立支撐；右腿屈膝向後抬起，腳心斜向上，高與臀平，上體略前傾。同時左指上架於頭額左前上方，指心朝上；右手握劍，劍尖向前上方平劍刺出。目視劍尖前方（圖 88）。

（二十六）提膝提劍

1. 右腳向前上步，腳跟著地，身體左轉，右腳尖內扣。同時右手握劍向左、向下畫弧至左腹前，手心朝內，劍尖向左畫弧至左斜上方；左指下落於右手腕處成立指。目視兩手（圖 89、90 附圖）。

圖 90 附圖

圖 91　　　　　　　　　　圖 92

2.右腳前掌落地，重心右移，右腿獨立支撐；左腿體前屈膝提起，上體微左轉。同時右手握劍使劍把向右、向上提起至頭側前上方，手腕內扣，劍尖斜向左下；左指向左下擺至左胯側，手心斜向下。頭略左轉，目視左前下方（圖91）。

（二十七）翻身掛劍

1.左腳向左側落步，腳跟著地，身體微向左轉。兩手隨體轉微下落（圖92）。

2.左腳尖外展，重心移至左腿，身體左轉180°，左腳蹬地跳起；右腳向右輕跳落地。同時右手握劍扣腕使劍尖向左、向下畫弧；左指向左擺至左胯旁。目視劍尖（圖93）。

3.上動不停。左腳經右腿後向右側插步，腳前掌著地，

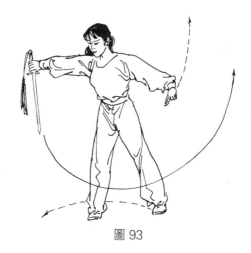

圖 93

圖 94

身體微向左上翻。右手握劍繼續向左、向上畫弧；左指向左
上擺至頭左上方。目視劍尖（圖94）。

圖 95

4. 上動不停。以兩腳前掌為軸，身體繼續向左後翻轉一周，重心落於左腳。右手劍尖向上隨翻身畫一圓弧，劍尖斜向下，劍穗隨之甩轉；左指隨翻身畫弧落於右肩前立指。目視左下方（圖95）。

（二十八）左右掛劍

1. 上動不停。右手握劍扣腕使劍尖向左、向上畫弧，劍尖朝左斜上方。目隨視劍尖，左指動作不變（圖96）。

2. 上動不停。右腳向前上步，腳前掌著地，腳尖略外展，身體右轉約90°。同時右手握劍扣腕使劍尖向上、向前、向右畫弧，手臂外旋，劍尖斜向下，劍穗隨之甩動；左指動作不變。目隨視劍尖（圖97）。

3. 右腳跟內轉落地，重心移至右腿；身體右轉約90°，左腳跟離地。同時右手握劍外旋翹腕使劍尖向下、向右畫弧

木蘭拳

圖96

圖97

至右後方；左手動作不變。目隨視劍尖（圖98）。

（二十九）提膝提劍

1. 下肢動作不變。右臂屈肘，劍把上提，劍尖斜向下；左指置於右肩前立指不變（圖99）。

2. 上動不停。右手握劍，劍把繼續向上、向左畫弧至右肩前，同時用力向上、向左甩穗，使劍穗在體右側甩

圖 98

圖 99

木蘭拳

圖 100

圖 101

動一圈；身體微向左轉，左指動作不變（圖 100）。

3.右腿獨立支撐，左腿屈膝提起。同時右手握劍使劍把向下、向右、向上提至頭右前上方，虎口斜向下，劍尖斜向左下；左指向下擺至左胯旁，臂微屈，腕微上翹，手心向下。目視左手方向（圖 101）。

（三十）雲穗插步平刺劍

1.身體微左轉。左腳向前落步，腳前掌著地，腳尖外展。右手向下，左指向上，兩手體前相合，左指附於右前臂處，右手虎口朝下，劍尖向下（圖 102）。

2.左腳跟內轉落地，重心移向左腿；右腳跟離地。右手握劍使劍把在頭上方向左、向後、向右平繞一圈，劍穗隨之甩轉一圈；同時頭上抬，目視右手（圖 103）。

圖 102

圖 103

木蘭拳

圖 104

　　3. 右腳向前上步，腳跟著地，身體微向左轉；右手臂外旋屈肘收至腹前，手心朝左，劍尖朝前；左指下收至腹前。目視前方（圖 104）。

　　4. 右腳尖內扣落地，身體左轉約45°，右腿屈膝半

圖 105

蹲；左腳經右腿後向右側後插步，腳前掌著地，腿自然伸直。同時右手握劍向右側平刺，臂與劍成水平；左指向左、向上畫弧擺至頭左上方亮指，指心朝上，指尖朝左。頭向右轉，目視劍尖前方（圖 105）。

圖 106

（三十一）轉身上步平刺劍

1.身體微向左轉，左腳向前上步，腳前掌著地。右手握劍臂內旋，手腕內扣使劍尖斜向下；左指向左、向下落至左肩前，指心斜向下。目視劍尖（圖106）。

2.左腳跟內轉落地，左腿屈膝半蹲；右腿自然伸直成弓步，身體左轉90°。同時右手握劍經右腰側向前立劍刺出，虎口向上，劍尖與手臂成一直線；左手劍指下落至右前臂內側立指。目視劍尖前方（圖107）。

（三十二）提膝架劍

1.重心移向左腿，右腳向前上步，腳跟著地，身體左轉約45°。同時右手握劍，臂外旋，屈肘收至左胸前，手心向裡，劍尖斜向上；左指附於右腕處隨右臂運動（圖108）。

圖 107

圖 108

2.右腳尖外展落地，身體向右轉約 90°，重心前移，右腿獨立支撐，左腿屈膝提起。同時右手握劍向右、向上畫弧至頭右上方架劍，虎口朝左，劍尖朝左前方略向下；左指隨右臂運動至右肘前立指。目視左前方（圖 109）。

（三十三）上步探海平衡

1.身體左轉 45°，左腳向前落步，腳前掌著地。兩手同時向外、向下畫弧至腰兩側，手心朝下，右手握劍，劍尖斜向前（圖 110）。

2.左腳跟落地支撐，右腳向前

圖 109

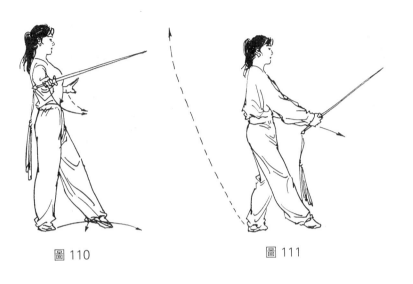

圖 110

圖 111

上步，腳前掌
著地。兩手同
時向下合於腹
前，手心斜向
上，劍尖斜向
前，左手劍指
變掌，掌心朝
上抱於右手
下。目視前方
（圖 111）。

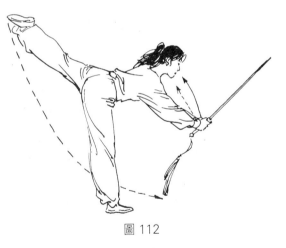

圖 112

3. 右腳跟落地，右腿獨立支撐；左腿自然伸直向後擺
起，腳面繃平高於頭。上體前俯呈水平，劍尖向斜前方刺
出。頭略抬起，目視劍尖（圖 112）。

圖 113

圖 114

（三十四）後舉腿架劍

1.上體抬起，左腳向前上步，腳前掌著地。右手握劍屈肘收至右胸前，左指附於右前臂處。目視前方（圖 113）。

2.左腳跟內轉落地，重心前移，身體左轉 90°，右腳跟離地。同時右手握劍向上、向左、向下畫弧至左肩前，虎口斜向上，劍尖朝右上方；左指附於右前臂內側隨右臂運動。目隨視右手（圖 114）。

3.左腳獨立支撐，上體略前傾，向左擰腰；右腿屈膝向後抬起，腳心斜向上，高與臀平。同時右手握劍，手臂內旋向下、向右、向上畫弧至頭右側上方架劍，手心朝外，虎口向左，劍尖朝左略向下；左指隨右手運動附於右肘前。頭向左轉，目視左前方（圖 115）。

圖 115

（三十五）轉身退步左右甩穗

1.右腳經左腿前向左側蓋步，腳前掌著地；同時左腳以前腳掌為軸，身體向左轉90°。右手握劍手腕內扣，使劍身向右、向下、向前擺出至體前，手臂外旋，手心斜向上，劍尖斜向後下；左手劍指向下、向左、向上畫弧擺至頭額前上方，指尖斜朝上。目視前方（圖116）。

2.上動不停，兩腳動作不變。身體微向左轉，右手握劍屈肘劍把向上、向左、向下畫弧至左肩前，劍身隨之向上、向左畫弧，手心朝內，虎口向上，劍尖斜向右前，劍穗隨之向上、向左甩轉；左指向後、向下畫弧至腰背後，手背貼於左腰後。目隨視右手（圖117）。

圖 116　　　　　　　　　圖 117

3. 上動不停。右腳向後退步，身體右轉約120°。同時右手握劍，劍把向下、向前、向上畫弧甩穗至頭額右前上方，劍身隨之向左、向下、向上、向右畫一立圓撩至體前；左手動作不變。目隨視右手（圖118）。

4. 上動不停。重心後移，左腳向後退步，身體左轉約120°。同時

圖 118

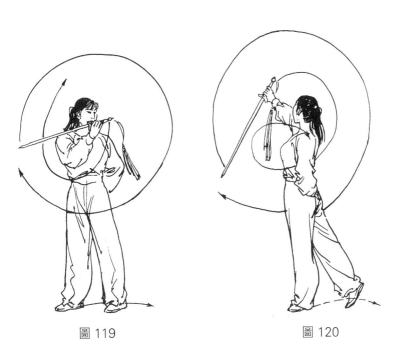

圖 119　　　　　　　　圖 120

右手握劍，劍把向後、向下、向前、向上、向左畫一立圓甩穗至左肩前，劍身隨之畫圓撩至體前；左手動作不變。目隨視右手（圖 119）。

　　5. 上動不停。右腳向後退步，身體右轉約 120°。同時右手握劍，劍把向下、向前、向上畫一立圓甩穗至頭額右前上方，劍身隨之向左、向下、向前、向上畫一立圓撩至體前；左手動作不變。目隨視右手（圖 120）。

　　6. 上動不停。重心後移，左腳向後退步，身體左轉約 120°。同時右手握劍，劍把向後、向下、向前、向上、向左畫一立圓甩穗至左肩前，劍身隨之畫一立圓撩至體前；左手動作不變。目視右手（圖 121）。

圖 121

圖 122

7.上動不停。右腳向後退步，腳前掌著地，重心後移腳跟落地，身體右轉約 120°。同時右手握劍，劍把向下、向前、向上畫一立圓甩穗至頭額右前上方，劍身隨之向左、向下、向前、向上畫一立圓撩至體前；左手動作不變。目隨視右手（圖 122）。

8.左腳向左擺步，重心移至左腿，身體左轉約 120°。同時右手握劍，劍把向後、向下、向前、向上、向左畫一立圓甩穗至左胸前，虎口朝上，劍身隨之畫一立圓撩至體前立劍；左手置於右臂下。左腿支撐，右小腿向後抬起，膝微屈（圖 123）。

圖 123　　　　　　　　　　　圖 124

（三十六）勾踢下截劍

　　左腿支撐，右腳經左腳內側向左斜前方擦地勾踢，腳尖勾起。同時右手握劍使劍身擺向右後下方截劍，臂內旋，虎口斜向下，劍尖朝後下方；左指向左上擺起，手心斜向上。目視劍尖（圖124）。

（三十七）提膝上刺劍

　　1. 身體右轉約135°，右腳向前落步，腳跟著地，兩手隨體轉右擺（圖125）。

圖 125

圖 126

圖 127

2.上動不停。右腳尖落地，重心移向右腿支撐，左腿體前屈膝提起，腳尖自然下落。同時上體略左轉，右手握劍屈肘翹腕使劍尖朝上刺出，臂伸直；左指下落至右肩前立指。頭微向左轉，目視左前方（圖 126）。

（三十八）歇步掃劍

1.身體左轉 90°，左腳向左側落步，腳跟著地，腳尖外展。右手握劍向前下落至左肩前，手腕微內扣，劍尖朝後上方；左指下落至右臂下，手心向下，指尖朝右後方（圖127）。

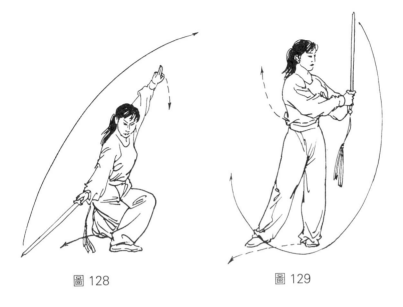

圖 128   圖 129

　　2. 以左腳跟右腳掌為軸，身體向左轉 45°，兩腿屈膝全蹲，右腳跟離地，臀部坐於右小腿上成歇步。同時右手握劍向右下方掃出，手心向下，劍尖斜向下；左指向左上方架指，手心斜向上。頭向右轉，目視劍尖方向（圖 128）。

（三十九）虛步提劍

　　1. 兩腿蹬地，身體起立，右腳向右上步，腳前掌著地。右手握劍手臂外旋向上、向左畫弧至左胸前，手心朝內，劍尖朝上；左指向下落於右前臂內側。目視右手（圖 129）。

　　2. 右腳跟內轉落地，右腿微屈支撐，身體右轉約 120°；左腳向前上步，腳前掌著地成虛步。同時右手向下、向右、向上畫弧，劍把上提至體右側，手心斜向外，劍尖斜向下；左指隨右手運動。目視劍尖方向（圖 130）。

圖 130

圖 131

（四十）插步點劍

1.左腳跟內轉落地，身體左轉45°，右腳向左腳前扣步。兩手隨體轉，動作不變（圖131）。

2.上動不停。左腳經右腳後向右側後插步，腳尖點地，身體左轉90°。同時右手握劍，使劍尖向左、向上、向右、向下畫一立圓，手腕上提，劍尖向下點劍；左指向下、向左、向上畫弧至頭左上方內翻手腕亮指，手心斜向上。目視劍尖（圖132）。

圖 132

（四十一）進退步左右掛劍

1. 左腳向左前上步，腳前掌著地。右手握劍，手腕內扣，虎口、劍尖斜向下；左指下落至右胸前立指。目視右手（圖133）。

圖 133

2. 上動不停。右手用力向左、向上甩穗，使劍穗掄轉一圈，隨之右手臂外旋向右、向下、向左畫弧提至胸前，手心反向上，虎口朝後，劍尖隨手畫一立圓；左指附於右腕處。目視劍尖（圖134）。

圖 134

木蘭拳

3. 上動不停。兩腳不動，身體微右轉。同時右手握劍向下、向後、向上掛劍，虎口劍尖均向上；左指收於右胸前立指（圖135）。

圖 135

4. 左腳向後退步，身體左轉約180°。同時右手握劍使劍尖向上、向前、向下、向左立圓掛劍，劍穗隨掛劍甩轉；左指向下、向後背於腰部，指心朝後（圖136）。

圖 136

5. 右腳向後退步，身體右轉約180°。同時右手握劍，使劍尖向後、向上、向前、向右後立圓掛劍，劍穗隨掛劍甩轉；左指動作不變，目隨視劍尖（圖137）。

圖 137

6. 左腳向後退步，身體左轉約180°。同時右手握劍向上、向前、向下、向左後立圓掛劍，劍穗隨掛劍甩轉；左指動作不變（圖138）。

圖 138

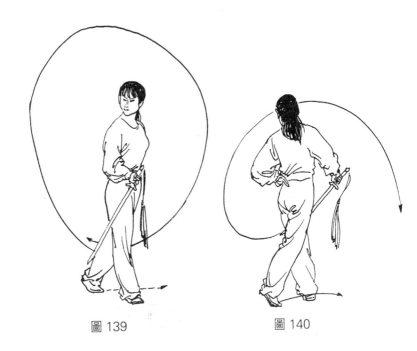

圖 139　　　　　圖 140

7.右腳向前進半步，腳尖略外展，身體右轉約 180°。同時右手握劍，使劍尖向後、向上、向前、向後立圓掛劍；左指動作不變。目視劍尖（圖 139）。

8.左腳向前上步，身體左轉約 180°。同時右手握劍使劍尖向後、向上、向前、向左下立圓掛劍。目視劍尖（圖 140）。

（四十二）插步下刺劍

1.右腳向前上步，腳跟著地。同時右手握劍向後、向上畫弧至頭上時右臂屈肘，右手收至腹前，手心朝外，虎口向右下方，劍尖斜向下；左指拉向腹前。目視劍尖（圖 141、142 附圖）。

圖 141　　　　　　　　　圖 142 附圖

圖 143

　　2. 右腳尖內扣落地，右腿屈膝半蹲；左腳經右腿後向右插步，腳前掌著地，腿自然伸直。同時右手握劍，劍尖向右下方刺出；左指尖向左側上方指出，指心斜向上。目視劍尖（圖143）。

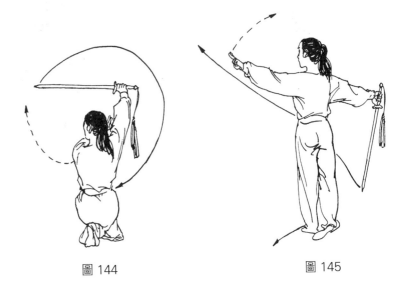

圖 144　　　　　　　圖 145

（四十三）歇步架刺劍

　　右腿支撐，左腳經右腿前向右蓋步，兩腿屈膝全蹲成歇步。同時右手握劍翹腕，使劍尖經頭上方向左刺出，虎口、劍尖均朝左，劍平架至頭上方；左指向右下落至右臂內側立指。頭向左轉，目視劍尖方向（圖144）。

（四十四）轉身虛步刺劍

　　1.兩腿直立站起。同時右手握劍，使劍尖向右、向下畫弧至體右側，虎口向下，劍尖斜向左；右指向下、向左畫弧至體左側，指心斜向外（圖145）。

圖 146　　　　　　　圖 147

2. 上動不停。以左腳掌為軸，身體向左轉 135°，右腳向前落步，腳跟著地。同時右手握劍經腹前平劍向前上方刺出，臂微屈；左指架至頭額前上方。目視劍尖方向（圖146）。

（四十五）叉步提劍

1. 身體左轉 90°，右腳尖內扣。同時右手握劍屈肘下落至左胸前；左指下落至右前臂內側，指心向下。目視右手（圖147）。

圖 148　　　　　　　　　　　　圖 149

2. 右腳掌落地，右腿支撐屈膝半蹲；左腳向右側後插步，腳前掌著地，腿自然伸直。同時右手握劍，劍把向下、向右上提至頭右側，虎口劍尖均斜向前下；左指隨右手轉動至右腕處。頭略向左轉，目視劍尖方向（圖 148）。

（四十六）甩穗後舉腿挑劍

1. 右腿直立；左腳向前上步，腳前掌著地。右手握劍臂外旋向右、向下、向前擺起，劍把斜朝上，手心斜向上，劍尖朝後下方；左手劍指附於右腕處。目視右手（圖 149）。

2. 重心前移，右腳跟離地。右手握劍，劍把向下、向後、向上、向前畫弧至體前，劍穗隨之甩動一周；左手劍指動作不變（圖 150）。

圖 150

3. 左腿支撐，右腳前擺。同時右手握劍向下、向後畫弧至右胯側，劍尖朝前；左指下落至左胯旁（圖151）。

圖 151

圖 152

圖 153

4.左腳蹬地向上輕跳，右腳落地，左腿屈膝向後抬起，腳心斜向上，身體右轉擰腰。右手握劍，使劍尖向下、向後畫弧至體後時，手臂外旋，手腕上翹挑劍，虎口、劍尖均向上；左指向左、向上、向右弧形擺至胸前立指。頭向右轉，目視右手前方（圖152）。

（四十七）轉身雲劍

1.左腳左前落步，腳跟著地。同時右手向上、向左畫弧至頭前上方，手心向下，劍尖朝左；左指變掌，手臂外旋，手心向上接劍。目視兩手（圖153）。

2.左腳尖外展落地，身體左轉135°；右腳向前上步，腳跟著地。同時左手握劍在頭上向左雲轉一圈，手心向上，劍尖朝左；右指下落至右胯旁，指心向前。目視前方（圖

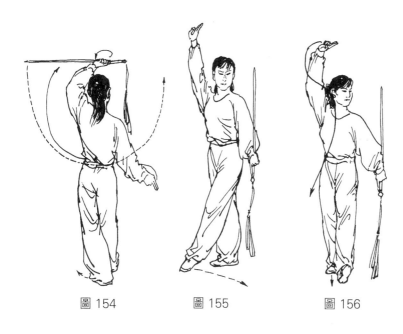

圖 154　　　　　圖 155　　　　　圖 156

木蘭拳

154）。

（四十八）前點步持劍亮指

右腳尖內扣，身體左轉 120°，左腳向右前點步。同時左手握劍向左、向下落至左胯旁，臂微屈，劍尖朝上；右指向右上畫弧架至頭額右前上方。頭微向左轉，目視前方（圖155）。

收　式

1.身體略左轉，左腳向左前上步，腳跟著地（圖156）。

2.左腳尖略外展落地，重心前移，右腳跟併向左腳跟，腳尖略外展。同時身體微右轉，右臂外旋，屈肘向下，指心

圖 157

向上至腰側。然後身體微向左轉，手臂內旋、手心向裡，指
尖向下垂於體側。目視前方（圖 157）。

木 蘭 拳
競賽規則

目　錄

第一章　競賽組織機構

第一條　競賽委員會

根據不同比賽規模，可設立競賽委員會、競賽部或競賽處，由負責競賽業務的行政人員若干名組成。競賽委員會在大會組委會統一領導下，負責大會的競賽組織工作。

第二條　仲裁委員會

一、由專家3人、5人或7人組成，設主任、副主任、委員。

二、仲裁委員會受理參賽隊對裁判判決有異議所提出的申訴。

三、仲裁委員會受理後，應根據申訴書和執行裁判組的書面報告進行調查研究，召開仲裁委員會討論裁決。

仲裁委員不參加與本人所在單位有牽連問題的討論與表決。

仲裁委員會出席的人員必須超過半數，所作出的決定方為有效。表決採取少數服從多數原則，如兩種意見人數相等由主任決定。

四、經仲裁委員會裁決申訴正確，仲裁委員會有權改判，即以書面形式通知總裁判組和申訴單位改判，退還申訴費，並可建議總裁判對誤判裁判長、員進行教育、警告、撤

換等處理。如判定原裁判無誤，即書面通知申訴單位，維持原判，申訴費不予退還。

五、仲裁委員會的決定為最終裁決。

六、仲裁委員會對比賽期間的申訴應及時裁決，不得影響其他場次的比賽和發獎。

第三條　裁判人員的組成

一、總裁判長1人、副總裁判長1至2人。

二、裁判組設裁判長1人，副裁判長1人，裁判員6至8人，記時、記分員1人，套路檢查員1人。

三、編排、記錄長1人，編排記錄員2至3人。

四、檢查長1人、檢錄員3至5人。

五、宣告員1至2人。

第四條　裁判人員的職責

一、總裁判長

（一）組織領導各裁判組的工作，保證競賽規則的執行，檢查落實賽前各項準備工作。

（二）講解規則和規程中不詳盡或無明文規定的問題，但無權修改。

（三）在比賽過程中，根據比賽需要可調動裁判人員工作。

（四）審核並宣布比賽成績，做好裁判總結工作。

（五）在比賽進行中運動員有不正當行為或裁判人員發生嚴重錯誤時，有處罰的權力。

二、副總裁判長

協助總裁判長工作，在總裁判長缺席時，由一名副總裁判長代行其職責。

三、裁判長

（一）組織本裁判組的業務學習和實施裁判工作。

（二）負責由裁判長執行的其他錯誤的扣分，宣布運動員的最後得分。

（三）可在規則規定的範圍內對評分進行調整。

（四）裁判員發生嚴重錯誤時，建議總裁判長給予相應處理。

四、評分裁判員

（一）認真執行大會各項規定，參加裁判業務學習和做好有關準備工作。

（二）嚴格執行規則，公正、準確地進行評分，並作好詳細記錄。

五、編排記錄長

（一）負責編排記錄處的全部工作，審查報名表，並根據大會要求編排秩序冊。

（二）準備比賽時需要的表格，審查核實成績及排列名次。

六、編排記錄員

根據編排記錄長分配的任務進行工作。

七、記時、記分員及套路檢查員

（一）記錄運動員完成套路的時間，負責裁判組的記分工作，並計算最後得分。

（二）檢查運動員的比賽套路，如與規定不符及時報告

裁判長。

八、檢錄長

負責檢錄處的全部工作，檢查運動員的器械和服裝，根據比賽順序及時召集運動員作好出場準備。

九、檢錄員

按照檢錄長分配的任務進行工作。

十、宣告員

介紹上場運動員，報告比賽成績，介紹有關競賽規程、規則、比賽項目以及木蘭拳運動的知識。

第二章　競賽通則

第五條　競賽性質

一、競賽的分類

（一）個人賽。

（二）團體賽。

（三）個人及團體賽。

二、年齡的分組

（一）老年組：56歲以上。

（二）中年組：36歲至55歲。

（三）青少年組：35歲以下。

第六條 競賽項目

一、木蘭拳規定套路（拳、單劍、單扇、集體項目及其他）。

二、木蘭拳自選套路（拳、劍、扇、集體項目及其他）。

第七條 名次評定

一、個人單項名次，得分最多者為該單項的第一名，次多者為第二名，依此類推。

二、個人全能名次按各單項得分總和的多少進行評定：得分最多者為全能第一名，次多者為第二名，依此類推。

三、集體項目的評定：得分最多者為該項第一名，次多者為第二名，依此類推。

四、團體名次的評定：根據競賽規程中關於團體名次的確定辦法進行評定。

五、得分相等的處理

（一）個人單項得分相等而規程中又沒有說明時，按下列辦法處理：

1. 兩組高分之和低者列前。

2. 兩組低分之和高者列前。

3. 如分數均相等則名次並列。

（二）個人全能得分相等時，以獲得單項第一名多者列前；如仍相等，以獲得第二名多者列前，依此類推；仍相等，則名次並列。

（三）團體總分相等時，以全隊在比賽中獲得單項第一

名多者列前；如仍相等，以獲得第二名多者列前，依此類推。

第八條　服裝、禮節、進場、退場、起式、收式、計時與音樂

一、裁判員應穿統一服裝，佩戴統一標誌。

二、在比賽時，運動員應穿民族形式的比賽服裝、武術鞋或運動鞋。

三、運動員聽到上場比賽的點名和比賽後裁判長宣布最後得分時，應向裁判長行抱拳禮。

四、運動員的演練應面向裁判長，在場地的同一側完成相同方向的起式和收式。

五、運動員身體任何部位開始動作即為起式（開始計時），全套動作結束為收式（計時結束）。

六、規定套路的時間按規定的音樂為準。自選套路的音樂可自選，時間3分鐘至4分鐘。表演項目需配樂者，錄音帶自備。各運動員、隊必須在比賽前30分鐘將錄音帶送到大會指定地點，所配音樂必須在錄音帶的A面。

七、運動員須在賽前30分鐘參加檢錄，三次點名未到，按棄權處理。

第九條　場地、器械的規定

一、場地的規定

個人競賽項目的場地為：長14公尺、寬8公尺，四周內沿應標明5公分寬的邊線，其周圍至少有2公尺寬的安全區，在場地的兩長邊中間各作一條長30公分、寬5公分的

中線標記。

集體項目場地不受限制。

二、器械的規定

（一）扇子從扇端到扇頂全長不得短於 33 公分。

（二）劍採用金屬製品，劍穗不得長於劍身（可使用伸縮劍）。

第十條　申訴範圍、程序及要求

一、申訴範圍僅限於裁判長對其他錯誤的扣分。

二、申訴必須在該項目比賽結束後 20 分鐘內，由本隊領隊或教練員以書面形式連同申訴費向仲裁委員會提出申訴，否則不予受理。

第三章　評分方法與標準

第十一條　評分方法

一、評分裁判員的分工與組成

場上評分裁判員由評判動作完成分和演練水平分的 6 人至 8 人組成。分成單雙數兩組，單數裁判員負責動作規格的評分和其他錯誤的扣分；雙數裁判員負責演練水平的評分。兩組分值共為 10 分。

二、裁判員的評分方法

（一）裁判員根據運動員（隊）現場表現的技術水平，

按照競賽項目的評分標準，在各類分值中減去錯誤動作的扣分及其他錯誤的扣分，即為運動員（隊）的得分。

（二）裁判員所示分數可到小數點後兩位數，小數點後第二位數必須是 0 或 5。

三、運動員應得分的確定

分別將兩組裁判員的最高分和最低分去掉，中間分為有效分，兩組有效分的平均值相加，即為運動員的應得分；應得分小數點後第三位數不作四捨五入。

四、運動員最後得分的確定

裁判長從運動員的應得分中扣除裁判長對其他錯誤的扣分，加上或減去裁判長的調整分。即為運動員的最後得分。

五、示分的方法

比賽中裁判員一般採用公開示分的辦法，裁判員在運動員演練結束後按規則進行獨立評分，得到裁判長的示分信號後兩組順序示分。得分由裁判長現場出示。但也可根據比賽需要採用不公開示分的辦法。

六、場上裁判員位置的安排

裁判員的位置必須便於觀看比賽，有利評分，也便於與裁判長聯繫。

第十二條　評分標準

各項比賽的最高得分為 10 分。

一、規定套路（個人）項目的評分標準

（一）動作規格分值為 4 分

凡動作規格正確給予滿分。

凡手型、手法、步型、步法、腿法、平衡及器械的方法

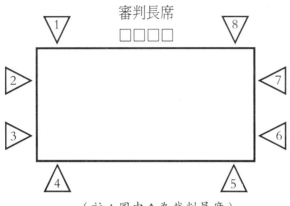

審判長席

（註：圖中△為裁判員席）

與規格要求輕微不符者，每出現一次扣 0.05 分；顯著不符者，每出現一次扣 0.1 分。

——同一手型、手法、步型、步法、腿法、平衡及器械的方法每出現一次輕微錯誤扣 0.05 分，出現兩次扣 0.1 分，超過三次以上的習慣性錯誤一次總扣 0.15 分；顯著錯誤出現一次扣 0.1 分，出現兩次扣 0.2 分，出現三次以上的習慣性錯誤一次總扣 0.3 分。

（二）演練水平的分值為 6 分

1. 神態、舞樂的分值為 2 分

凡神態自如，精神飽滿，舞樂和諧，起、收式動作與音樂配合相符者給予滿分。

2. 協調、勁力的分值為 2 分

凡運勁順達，動作連貫，手、眼、身、步法及身械配合協調者給予滿分。

3. 風格特點的分值為 2 分

木蘭拳競賽規則

木蘭拳

凡風格突出，特點明顯，動作優美，舒展大方者給予滿分。

凡與要求輕微不符者，每出現一種錯誤扣 0.1 分；與要求顯著不符者，每出現一種錯誤扣 0.2 分；與要求嚴重不符者，每出現一種錯誤扣 0.3 分。

二、規定套路（集體）項目的評分標準

（一）動作規格的分值為 4 分

凡動作規格正確者，給予滿分。

凡手型、手法、步型、步法、腿法、平衡及器械的方法與規格要求輕微不符者，每出現一次扣 0.05 分；顯著不符者每出現一次扣 0.1 分。

——同一手型、手法、步型、步法、腿法、平衡及器械的方法，每出現一次輕微錯誤扣 0.05 分，出現兩次扣 0.1 分，出現三次以上的習慣性錯誤一次總扣 0.15 分；顯著錯誤出現一次扣 0.1 分，出現兩次扣 0.2 分，出現三次以上的習慣性錯誤一次總扣 0.3 分。

註：集體項目按失誤的人數累計扣分。

（二）演練水平的分值為 6 分

1.神態、舞樂的分值為 2 分

凡神態自如，精神飽滿，舞樂和諧，起、收式動作與音樂配合相符者給予滿分。

2.協調、勁力的分值為 2 分

凡運勁順達，動作連貫，手、眼、身、步法及身械配合協調者給予滿分。

3.風格特點、整體配合的分值為 2 分

凡風格突出，特點明顯，動作優美，舒展大方，隊形、

動作整齊一致者給予滿分。

凡與要求輕微不符者，每出現一種錯誤扣 0.1 分；與要求顯著不符者，每出現一種錯誤扣 0.2 分；與要求嚴重不符者，每出現一種錯誤扣 0.3 分。

三、自選套路（個人）項目的評分標準

（一）動作規格與方法的分值為 4 分

凡動作規格正確者給予滿分。

凡手型、手法、步型、步法、腿法、平衡及器械的方法與規格要求輕微不符者，每出現一次扣 0.05 分；顯著不符者，每出現一次扣 0.1 分。

──同一手型、手法、步型、步法、腿法、平衡及器械的方法，每出現一次輕微錯誤扣 0.05 分，出現兩次扣 0.1 分，出現三次以上的習慣性錯誤一次總扣 0.15 分；顯著錯誤出現一次扣 0.1 分，出現兩次扣 0.2 分，出現三次以上的習慣性錯誤一次總扣 0.3 分。

（二）演練水平的分值為 6 分

1. 神態、舞樂的分值為 2 分

凡神態自如，精神飽滿，舞樂和諧，起、收式動作與音樂配合相符者給予滿分。

2. 協調、勁力的分值為 2 分

凡運勁順達，動作連貫，手、眼、身、步法及身械的配合協調者給予滿分。

3. 風格特點、編排的分值為 2 分

凡風格突出，特點明顯，動作優美，舒展大方，內容豐富，動作新穎，結構合理，布局勻稱者給予滿分。

凡與要求輕微不符者，每出現一種錯誤扣 0.1 分；與要

求顯著不符者，每出現一種錯誤扣 0.2 分；與要求嚴重不符者，每出現一種錯誤扣 0.3 分。

四、自選套路（集體）項目的評分標準

（一）動作規格的分值為 4 分

凡動作規格正確者，給予滿分。

凡手型、手法、步型、步法、腿法、平衡及器械的方法與規格要求輕微不符者，每出現一次扣 0.05 分；顯著不符者，每出現一次扣 0.1 分。

——同一手型、手法、步型、步法、腿法、平衡及器械的方法，每出現一次輕微錯誤扣 0.05 分，出現兩次扣 0.1 分，出現三次以上的習慣性錯誤一次總扣 0.15 分；顯著錯誤出現一次扣 0.1 分，出現兩次扣 0.2 分，出現三次以上的習慣性錯誤一次總扣 0.3 分。

（二）演練水平的分值為 6 分

1. 神態、舞樂的分值為 2 分

凡神態自如，精神飽滿，舞樂和諧，起、收式動作與音樂配合相符者給予滿分。

2. 協調、勁力、整體配合的分值為 2 分

凡隊形、動作整齊一致，運勁順達，動作連貫圓活，手、眼、身、步法及身械的配合協調者給予滿分。

3. 風格特點、編排的分值為 2 分

凡風格突出，特點明顯，動作優美，舒展大方，內容豐富，動作新穎，結構合理，布局勻稱者給予滿分。

凡與要求輕微不符者，每出現一種錯誤扣 0.1 分；與要求顯著不符者，每出現一種錯誤扣 0.2 分；與要求嚴重不符者，每出現一種錯誤扣 0.3 分。

註：集體項目按失誤的人數累計扣分。

第十三條　其他錯誤的扣分標準

一、裁判員執行

（一）沒有完成套路中途退場者，不予評分。

（二）遺忘：比賽中每出現一次輕微遺忘現象扣 0.1 分，明顯遺忘扣 0.2 分。

（三）器械、服飾影響動作

1. 比賽中，因器械、劍穗、服飾等影響動作，每出現一次扣 0.1 分；嚴重影響動作，每出現一次扣 0.2 分。

2. 器械觸地、碰身、變形扣 0.1 分，折斷扣 0.3 分，掉地扣 0.4 分。

3. 扇子未打開和關扇超過 50%，每出現一次扣 0.1 分。

4. 伸縮劍：縮短一節扣 0.1 分，縮短兩節扣 0.2 分，全部縮進以器械折斷處理扣 0.3 分。

5. 服裝開紐扣 0.1 分，服飾掉地扣 0.1 分。

（四）失去穩定性：每出現一次晃動、跳動扣 0.1 分，附加支撐扣 0.3 分，倒地扣 0.4 分。

二、裁判長執行

（一）出界：一腳出界扣 0.1 分，兩腳出界扣 0.2 分。

（二）重做

1. 運動員因客觀原因造成比賽中斷，可申請重做一次，不予扣分。

2. 運動員在比賽中因受傷中斷比賽，經簡單治療即可繼續比賽的可申請重做，但應扣 1 分，如不能繼續比賽，則按棄權處理。運動員因失誤、動作遺忘或器械損壞等原因造成

木蘭拳

比賽中斷者，可申請重做，但應扣 1 分。

（三）時間：每超過或少於規定的時間達 0.1～5 秒者扣 0.1 分，達 5.1～10 秒者扣 0.2 分，依此類推。

（四）規定套路每遺漏、增加或改變一個動作扣 0.3 分。

（五）規定套路的動作方向與規定不符，超過 45°以上（含 45°），每出現一次扣 0.2 分。

（六）套路中平衡時間不得少於 2 秒，不足 2 秒扣 0.1 分。

（七）起式與收式方向不符扣 0.1 分。

（八）集體項目的人數每少於規定的 1 人扣 0.2 分，少兩人扣 0.4 分，依此類推。

註：集體項目其他錯誤的扣分，按失誤出現的人數累計扣分。

第十四條　裁判長的調整分

當裁判員的評分明顯有誤時，裁判長在宣布運動員的最後得分前，可與副裁判長協商，經總裁判長同意進行加減分。當運動員的應得分在 9 分以上（含 9 分）時，裁判長的調整分正負不得超過 0.05 分；在 9 分以下時不得超過 0.1 分。

第十五條　扣分標準

一、其他錯誤扣分表

扣分值 錯誤情節 錯誤內容	0.1	0.2	0.3	0.4	0.5
遺　忘	動作出現不應有的間斷2秒以上	1.動作出現不應有的間斷達3秒以上 2.或造成動作混亂的嚴重遺忘			
服裝 服飾 影響動作	1.劍穗纏手、纏器械影響了動作 2.劍穗、服飾掉地 3.服裝開鈕、撕裂	1.纏手、纏器械較長時間，嚴重影響了動作 2.鞋脫落			
器械彎曲 變形折斷	器械彎曲變形超過20°以上	器械彎曲變形超過90°以上	器械折斷	器械掉地	
失去平衡	1.身體前後左右搖晃 2.單腳移動或跳動	雙腳跳動或移動	以手、肘、腳、膝及器械撐地，造成附加支撐		倒地：雙手、上臂、肩、頭、軀幹、臀部任一部位著地

木蘭拳競賽規則

木蘭拳

二、木蘭拳動作規格常見錯誤扣分表

動作類別		輕微錯誤 0.05 分	顯著錯誤 0.1 分
手型	拳	1. 拳面不平 2. 手腕上翹或下勾 3. 拇指未扣壓在中指、食指第二指節上	
	掌	1. 五指彎曲 2. 虎口未撐圓	
步型	弓步	1. 前腿接近直立 2. 後腿膝關節明顯彎曲 3. 前腳尖未外展 4. 兩腿前後未成一直線	1. 前腿完全直立 2. 兩腿橫向間隔過肩
	歇步	1. 臀部未坐到後腿的小腿上 2. 兩腿距離過大，後腿未頂住前腿	兩腿未交叉
	虛步	1. 後腿未彎曲 2. 前腿過分伸直或彎曲 3. 前腳跟著地	1. 重心未在後腿 2. 前腳全腳著地
	前點步	1. 兩腿過分彎曲 2. 全腳或腳跟著地	
	坐蓮步	1. 前腿過分彎曲 2. 前腳全腳著地 3. 臀部未坐到後腿小腿	兩腿膝部分離
	坐盤	1. 臀部未坐於地面上 2. 前大腿未貼近胸部	兩腿未交叉
	叉步	1. 前腿接近直立 2. 後腿彎曲	兩腿未交叉

動作類別 錯誤內容 / 扣分標準		輕微錯誤 0.05 分	顯著錯誤 0.1 分
手 法	請拳	1.兩手高於肩，低於腹 2.兩手遠離胸前 3.兩臂伸得過直	左掌心、右拳面未在胸前相抱
	搬拳	前臂未外旋向下翻壓	
	托掌	掌心未向上	
	穿掌	虎口未朝前	
	按掌	掌心未向下	
	推掌	1.掌心未向外 2.臂未由屈到伸	
	撩掌	掌心未向前上撩	
	雲手	兩手未以腕為軸成兩臂交叉	
	雙絞手	未成兩手心相對	
步 法	上步	後腳向側邁出	
	退步	前腳向側邁出	
	蓋步	腿未經體前向側橫跨	
	插步	腿未經體後向側後插出	
	後掃腿	掃腿腳未擦地面	
	旋轉步	身體未轉夠 180°	

223

木蘭拳競賽規則

木蘭拳

扣分標準 錯誤內容 動作類別		輕微錯誤 0.05 分	顯著錯誤 0.1 分
腿 法	上踢腿	1. 踢腿膝關節彎曲 2. 腿尖未勾	踢腿的腳未過肩
	前蹬腿	1. 前蹬的腿未由屈到伸 2. 蹬腳時腳尖未勾	蹬腿的腿未達胸高
	踩蓮腿	1. 擺腿幅度不夠 90° 2. 擺腿時腳尖未勾	外擺的腳未達到胸高
	勾踢	1. 未勾腳尖 2. 勾踢的腿未向後擺	
平 衡	提膝平衡	1. 支撐腿膝彎曲 2. 提膝腳未向內扣	提膝腿未達水平
	後舉腿平衡	1. 大腿未向後抬起 2. 腳面未向上	後舉的腳未達臀高
	燕式平衡	1. 彎曲支撐腿和後舉腿彎曲 2. 勾腳尖 3. 低頭、弓腰	後舉的腿未達水平
	探海平衡	1. 支撐腿和後舉腿彎曲 2. 勾腳尖 3. 低頭、弓腰	後舉的腿未達水平
	望月平衡	後舉腿的腳未向上翻	上體未向側傾，未擰腰

三、木蘭扇動作規格常見錯誤扣分表

扣分標準／錯誤內容／動作類別		輕微錯誤 0.05 分	顯著錯誤 0.1 分
扇法	合扇握法	食指未貼於扇面	
	開扇握法	兩手指未壓於小扇骨上	
	開扇法	1. 未甩腕 2. 扇面未完全打開	
	合扇法	1. 未甩腕 2. 扇骨未完全合攏	
	雲扇	扇未以腕為軸	
	托扇	扇面未朝上	
	推扇	1. 扇面未朝外 2. 扇未成立扇	扇未成立扇、成水平
	翻扇	手腕未向內或外翻轉	
	撩扇	扇未由後向前上抬起	

四、木蘭劍動作規格常見錯誤扣分表

動作類別 錯誤內容 扣分標準		1.拇指未扣壓左無名指和小指的第一指節 2.中指、食指未伸	顯著錯誤 0.1 分
劍	劍指	1.拇指未扣壓左無名指和小指的第一指節	
	點劍	1.力點未達劍尖 2.未提腕	
	雲劍	1.劍繞圈不平 2.未以腕為軸	劍繞環時劍身明顯經過頭後部
	刺劍	1.臂與劍未成一直線 2.力點未達劍尖	
	劈劍	1.劍與臂未成一直線 2.力點不在劍刃	
	崩劍	1.沉腕不夠 2.力點不在劍尖	
	提劍	劍尖未朝下、未上提	
	斬劍	1.劍與臂未成一直線 2.力點未達劍刃	
	掃劍	1.劍上翹不平 2.力點未達劍尖	
法	架劍	1.架劍手過高，未在頭額上 2.劍身傾斜	架劍未過頭
	掛劍	1.握劍手腕未扣 2.力點未在劍刃	臂與劍成一直線
	穿劍	1.劍穿行不平 2.力點未達劍尖	
	削劍	1.握劍手腕不直 2.力點未達劍刃	

五、演練水平常見錯誤扣分表

動作類別	錯誤內容
神態、舞樂	1. 神態和面部表情緊張、鬆懈 2. 低頭、含胸、弓腰、塌腰 3. 動作和音樂不和諧 4. 起、收式音樂動作配合不符
協調、勁力	1. 上下肢動作脫節 2. 手、眼、身、步及身械配合不協調 3. 動作間隔，斷勁，不連貫
風格特點	1. 未表現出連貫圓活和緩慢、輕靈優美的特點 2. 未表現出器械的風格特點
編　排	1. 內容簡單，重複動作過多 2. 動作銜接不順 3. 段落內容安排前緊後鬆 4. 動作分布不勻稱
整體配合	1. 隊形散亂 2. 動作不整齊

木蘭拳競賽規則

木蘭拳

動作規格裁判員臨場評分表

項目＿＿＿ 年齡組 ＿＿＿＿ 場地 ＿＿＿＿ 第＿＿號裁判員

隊員姓名（或序號）	動作規格的分值 4 分	其他錯誤的扣分	裁判員評分	最後得分

演練水平裁判員臨場評分表（一）

（規定套路個人項目評分表）

項目_____年齡_____場地_____第___號裁判員

姓名或序號	神態、舞樂的分值 2 分	協調、勁力的分值 2 分	風格特點的分值 2 分	裁判員評分	最後得分

木蘭拳競賽規則

木蘭拳

演練水平裁判員臨場評分表（二）
（規定套路集體項目評分表）

項目＿＿＿＿＿年齡＿＿＿＿場地＿＿＿＿第＿＿號裁判員

隊名 或序號	神態、舞樂 分值2分	協調、勁力 分值2分	風格特點、 整體配合 分值2分	裁判員 評分	最後 得分

演練水平裁判員臨場評分表（三）
（自選套路個人項目評分表）

項目＿＿＿＿＿年齡＿＿＿＿場地＿＿＿＿第＿＿號裁判員

姓名或序號	神態、舞樂 分值 2 分	協調、勁力 分值 2 分	風格特點、編　排 分值 2 分	裁判員評分	最後得分

木蘭拳

演練水平裁判員臨場評分表（四）
（自選套路集體項目評分表）

項目＿＿＿＿＿年齡＿＿＿＿場地＿＿＿＿第＿＿號裁判員

隊　名 或序號	神態、舞樂 分值2分	協調、勁力 整體配合 分值2分	風格特點、 編　排 分值2分	裁判員 評分	最後 得分

單項競賽成績記錄表

項目_____ 第_____ 組 場地_____ 時間_____

單位（序號）	裁判評分姓名	動作規格				應得分	演練水平				應得分	時間	裁判長扣分	最後得分
		一號	三號	五號	七號		二號	四號	六號	八號				

記錄員 _____ 裁判長_____

木蘭拳競賽規則

木蘭拳

單項錄取名次成績表

項　目							備　註
名　次	一	二	三	四	五	六	
姓　名							
單　位							
成　績							

總裁判 ＿＿＿＿＿＿　記錄長＿＿＿＿＿

全能錄取名次成績表

名　次	姓　名	單　位	成　績	備　註
一				
二				
三				
四				
五				
六				

總裁判 ＿＿＿＿＿＿　記錄長＿＿＿＿＿

團體錄取名次成績表

名 次	單 位	成 績	備 註
一			
二			
三			
四			
五			
六			

總裁判 _____ 記錄長_____

木蘭拳競賽規則

木蘭拳

競賽成績總記錄表

$\left(\begin{matrix}男子\\女子\end{matrix}\ 組\right)$

年　月　日

單位	成績 姓名	項目						個人總分	備註

記錄長＿＿＿＿　　記錄員＿＿＿＿

各隊參加人數統計表

編號	單位	運動員			教練員			領　隊			合計	備註
		男	女	小計	男	女	小計	男	女	小計		
1												
2												
3												
4												
5												
6												
7												
8												
9												
10												
11												
12												
13												
14												
15												
總計												

木蘭拳競賽規則

木蘭拳

木蘭拳個人、集體競賽項目常用報名表

隊名：　　　　領隊：　　　　教練：　　　　醫生：　　　　填報日期：

編號	姓　名	出生日期	參　賽　項　目		
			木蘭拳	木蘭單扇	木蘭單劍
1					
2					
3					
4					
5					
6					
7					
8					
9					
10					

單位（章）　　　　醫務部門（章）

註：凡參賽項目，請在該欄內畫「√」

·養生保健· 電腦編號 23

1. 醫療養生氣功　　　　　黃孝寬著　250 元
2. 中國氣功圖譜　　　　　余功保著　250 元
3. 少林醫療氣功精粹　　　井玉蘭著　250 元
4. 龍形實用氣功　　　　吳大才等著　220 元
5. 魚戲增視強身氣功　　　宮　嬰著　220 元
6. 嚴新氣功　　　　　　前新培金著　250 元
7. 道家玄牝氣功　　　　　張　章著　200 元
8. 仙家秘傳祛病功　　　　李遠國著　160 元
9. 少林十大健身功　　　　秦慶豐著　180 元
10. 中國自控氣功　　　　　張明武著　250 元
11. 醫療防癌氣功　　　　　黃孝寬著　250 元
12. 醫療強身氣功　　　　　黃孝寬著　250 元
13. 醫療點穴氣功　　　　　黃孝寬著　250 元
14. 中國八卦如意功　　　　趙維漢著　180 元
15. 正宗馬禮堂養氣功　　　馬禮堂著　420 元
16. 秘傳道家筋經內丹功　　王慶餘著　280 元
17. 三元開慧功　　　　　　辛桂林著　250 元
18. 防癌治癌新氣功　　　　郭　林著　180 元
19. 禪定與佛家氣功修煉　　劉天君著　200 元
20. 顛倒之術　　　　　　　梅自強著　360 元
21. 簡明氣功辭典　　　　　吳家駿編　360 元
22. 八卦三合功　　　　　　張全亮著　230 元
23. 朱砂掌健身養生功　　　楊永著　250 元
24. 抗老功　　　　　　　　陳九鶴著　230 元
25. 意氣按穴排濁自療法　黃啓運編著　250 元
26. 陳式太極拳養生功　　　陳正雷著　200 元
27. 健身祛病小功法　　　　王培生著　200 元
28. 張式太極混元功　　　　張春銘著　250 元
29. 中國璇密功　　　　　　羅琴編著　250 元
30. 中國少林禪密功　　　　齊飛龍著　200 元
31. 郭林新氣功　　　郭林新氣功研究所　400 元

·運動遊戲· 電腦編號 26

1. 雙人運動　　　　　　　李玉瓊譯　160 元
2. 愉快的跳繩運動　　　　廖玉山譯　180 元
3. 運動會項目精選　　　　王佑京譯　150 元
4. 肋木運動　　　　　　　廖玉山譯　150 元
5. 測力運動　　　　　　　王佑宗譯　150 元

國家圖書館出版品預行編目資料

木蘭拳／木蘭拳規定套路編審組　編寫
　　──初版，──臺北市，大展，2004〔民93〕
　　面；21公分，──（中國武術規定套路；4）
　　ISBN　957-468-273-0（平裝）

1.拳術─中國
528.97　　　　　　　　　　　　　　　92021310

北京人民體育出版社授權中文繁體字版
【版權所有・翻印必究】

木 蘭 拳
ISBN 957-468-273-0

編 寫 者／木蘭拳規定套路編審組
責任編輯／鄭 小 鋒
發 行 人／蔡 森 明
出 版 者／大展出版社有限公司
社　　　址／台北市北投區（石牌）致遠一路2段12巷1號
電　　　話／（02）28236031・28236033・28233123
傳　　　眞／（02）28272069
郵政劃撥／01669551
網　　　址／www.dah-jaan.com.tw
E－mail／dah_jaan@pchome.net.tw
登 記 證／局版臺業字第2171號
承 印 者／高星印刷品行
裝　　　訂／協億印製廠股份有限公司
排 版 者／弘益電腦排版有限公司
初版1刷／2004年（民93年）2月

定　價／230元

●本書若有破損、缺頁敬請寄回本社更換●

大展好書　好書大展
品嘗好書　冠群可期